Mestres da
Kabbalah

Shmuel Lemle

Mestres da Kabbalah

Ensinamentos para
uma vida iluminada

© 2022 - Shmuel Lemle
Direitos em língua portuguesa para o Brasil:
Matrix Editora
www.matrixeditora.com.br
/MatrixEditora | @matrixeditora | /matrixeditora

Diretor editorial
Paulo Tadeu

Capa, projeto gráfico e diagramação
Patricia Delgado da Costa

Revisão
Adriana Wrege

CIP-BRASIL - CATALOGAÇÃO NA PUBLICAÇÃO
SINDICATO NACIONAL DOS EDITORES DE LIVROS, RJ

Lemle, Shmuel
Mestres da Kabbalah / Shmuel Lemle. - 1. ed. - São Paulo: Matrix, 2022.
112 p.; 23 cm.

ISBN 978-65-5616-278-2

1. Judaísmo. 2. Espiritualidade. 3. Cabala. I. Título.

22-80188 CDD: 296.16
CDU: 26-587

Meri Gleice Rodrigues de Souza - Bibliotecária - CRB-7/6439

Para Rivka, Yehuda e Michael.

Sumário

Introdução 9

Interno 11

Última palavra: vida 14

O dia em que Rabi Shimon escolheu deixar o mundo 18

Rabi Shimon não deixa Satan trabalhar 22

Rabi Shimon cancela decretos 24

Nenhuma sentença se mantém no lugar onde está Rabi Shimon . . . 26

O mestre de Rabi Shimon: Rabi Akiva 31

Treze anos na caverna 37

Idra Raba – A Grande Assembleia 40

Zonas do Tempo 47

A visão de Rabi Chiá 50

Rabi Meir Baal Ha'Nes – o Senhor dos Milagres 55

Rabi Yehuda bar Ilai – felicidade constante 58

Nachum Ish Gamzu – isto também é pelo bem 61

O filho de Rabi Yossi de Pekiin 64

Honi Ha'Meaguel e a *hutzpa* sagrada 68

Hanina ben Dossa – ir acima da natureza ... 70

Propósito dos milagres ... 76

Moisés, nosso mestre ... 77

Rav Isaac Luria, o Ari – o Leão de Safed ... 82

Quebrando a ilusão da morte ... 92

O Zohar e a origem do mal ... 94

O Zohar é a arca de Noé da nossa geração ... 97

E a arca repousou no sétimo mês ... 99

Perdão e felicidade ... 101

Zohar e a Era Messiânica: o Messias é você ... 104

Introdução

Por que estamos aqui? Qual é o sentido da existência? Se existe mesmo uma força de total bondade por trás de tudo, por que existe o mal?

Por que passamos por dor e sofrimento? Isso pode ser evitado?

Como encontrar a verdadeira plenitude e satisfação? Como lidar com os desafios da vida? Como podemos criar um mundo melhor?

Em nossos dias, cada vez mais as pessoas procuram um entendimento mais profundo da vida. Em busca de uma vida com mais plenitude e sentido, chegam à espiritualidade. Em geral, isso se dá depois de perceberem que, mesmo com uma vida materialmente confortável, algo fica faltando se não houver um aspecto espiritual.

Busca-se um sistema de crenças válido na realidade moderna, mas com base em verdades eternas. É aí que entra em cena a Kabbalah e o livro do Zohar.

A fonte de todos os ensinamentos cabalísticos é o Zohar, principal livro de Kabbalah, sabedoria espiritual universal que ensina as leis atemporais que regem a vida.

A Kabbalah oferece uma resposta perfeita para essa busca espiritual. Além de trazer ensinamentos profundos, ela apresenta um método prático para lidar com as dificuldades diárias. Por isso, cada vez mais pessoas buscam seus ensinamentos.

A Kabbalah é transmitida de geração a geração, de mestre a discípulo, numa corrente inquebrantável. Para receber a iluminação é preciso se ligar aos mestres. O propósito deste livro é trazer à consciência do leitor a vida e os ensinamentos dos grandes mestres da Kabbalah ao longo da história. Em muitos capítulos, limitamo-nos a traduzir e transcrever o texto original, incluindo alguns comentários básicos para facilitar o entendimento. Com isso, o leitor pode se conectar com a corrente de sábios que dedicaram suas vidas à busca da compreensão e da iluminação.

Por meio das histórias do Zohar, de seu autor Rabi Shimon bar Yochai, seus mestres e seus discípulos, vamos obter a compreensão de vários conceitos espirituais importantes. Além disso, conheceremos aspectos da história contínua dessa grande alma que veio ao mundo ensinar a humanidade a se conectar com a Luz do Criador e assim chegar ao propósito final da Criação: uma vida plena, livre de caos, dor e sofrimento.

Isso vem quando nos unimos por completo à Luz do Criador, numa total unificação que os cabalistas chamam de *Devekut*. Quando nos tornamos um com a Luz do Criador? Quando temos uma consciência completamente voltada para o compartilhar com os outros, assim como o Criador. Nós nos unimos com a Luz do Criador quando nossa consciência passa a ser um desejo de dar satisfação ao Criador, e nada além disso. Porque o Criador quer somente dar satisfação a nós. Quando temos o mesmo desejo, passamos a ser um, e isso é o auge do prazer que se pode almejar.

Para quem já estuda Kabbalah, espero que este livro ajude a fortalecer sua conexão com as grandes almas que precisamos ter como mestres. Para quem ainda não estuda, espero que este livro atice sua curiosidade e funcione como uma introdução aos ensinamentos.

Interno

Estamos numa constante busca. Parece que sempre falta alguma coisa para estarmos totalmente bem, e perseguimos aquilo que parece que nos falta. Acontece que, mesmo quando conquistamos o que queríamos, a realização não é completa. Isso sempre acontecerá enquanto estivermos buscando as respostas e a satisfação em coisas externas. O que você precisa para ser feliz não está lá fora. Está dentro. Sempre esteve. Sempre estará.

Tudo está dentro de nós. Há um manancial de águas puras e abundantes dentro de nós. Só que esse manancial está lá no fundo – bem lá no fundo. Trazendo à tona a água pura dessa fonte, encontramos toda a satisfação. Além disso, quando um de nós consegue mergulhar fundo, alcançar essa fonte e beber de sua água, permite que todos os outros também recebam essa iluminação. Bebendo das águas puras e profundas dentro de nós, alcançamos dois objetivos poderosos: em primeiro lugar, despertamos e desfrutamos de prazer profundo e duradouro. E, tão importante quanto isso, permitimos a outros que bebam das águas que atraímos. Passamos a ser canais que compartilham com os outros. Deixamos de ser pessoas interessadas principalmente em receber algum benefício próprio e passamos a ser pessoas que têm como meta compartilhar e iluminar. Quando passamos a ser iluminadores em vez de buracos negros, passamos a ser uma parte positiva, que soma para o todo do universo, e então podemos ser imortais.

A Luz está dentro de você, no fundo do seu ser, no fundo do seu coração. Está tudo dentro de nós, só que em um nível muito profundo. As respostas para nossas perguntas, a energia que vai suprir todas as nossas necessidades, tudo já está dentro de nós. Você não precisa de nada externo. Se você ainda está procurando lá fora pela resposta para seus problemas ou suas carências, você nunca encontrará, porque não está lá fora. Está dentro. Tudo está dentro. Precisamos despertar; sentir, nos conectar com o que temos dentro de nós. Já está tudo dentro de você, neste instante, aqui e agora. Ao fazer isso, você recebe plenitude, e todos os outros podem beber de sua fonte.

Não precisamos de nada externo. Tudo existe dentro de nós. Temos que acessar as bênçãos que já existem no presente, aqui e agora. Isso se faz por meio de um esforço diário de se lembrar de que tudo já está dentro de nós. Há águas profundas em nosso coração. Temos que despertar nossa consciência para sua existência; dedicar nossa existência a um despertar contínuo dessa consciência.

Todas as carências da nossa vida existem por não termos ainda acessado o manancial da Luz do Criador que existe dentro de nós. Como acessá-lo?

Os mestres da Kabbalah foram almas que viveram neste mundo e se conectaram com esse aspecto iluminado que temos internamente. Aprenderam a não considerar simplesmente a superfície e a examinar a vida e seus acontecimentos de modo mais profundo.

Existem inúmeras histórias sobre os mestres da Kabbalah. Todas essas histórias são compostas por vários níveis de ensinamentos e entendimentos. Quanto mais lemos as histórias, mais profundamente podemos penetrar em suas camadas. Ao entrar mais fundo nas histórias dos mestres da Kabbalah, entramos mais fundo na Luz das maiores almas que já existiram e, assim, entramos mais fundo na Luz de nossa própria alma e na plenitude que já existe em nós. O objetivo de contar essas histórias é nos permitir ativar nossa própria alma. Despertar a Luz que existe em nós.

Tudo está dentro de nós. O canto dos pássaros, o som do mar, toda a plenitude, tudo está dentro de nós. A Kabbalah fala sobre luzes e receptores. Para que a Luz se revele, precisa haver um receptor. O mestre precisa do aluno para poder compartilhar, assim como o aluno precisa do mestre para poder receber.

Imagine se o planeta Terra não fosse habitado. Nesse caso, existiria o barulho do mar? A princípio pensamos que sim. Mas pense bem. O barulho do mar só existirá de verdade se houver um ouvido para escutar seu som. Sem alguém para escutar, o que existe é o vazio, o silêncio. Em potencial, o som do mar existiria. Mas, na prática, não existe, porque não há ninguém para percebê-lo. O mesmo vale para tudo o mais. O sabor delicioso do chocolate só existe de verdade se for acompanhado de papilas gustativas que possam desfrutar do seu sabor. Assim, para que a Luz se revele é preciso que haja um receptor.

A fonte de toda plenitude é a Força da Luz do Criador. Somos receptores criados para receber essa Luz. A Luz deseja nos dar infinito prazer, e fomos criados para desejar esse infinito prazer. Para que o prazer e a plenitude que se estendem do Criador estejam presentes em nossa vida, precisamos ter em nossa consciência a certeza e o desejo de receber a Luz. O desejo é o receptor.

Luz e Receptor são um e precisam voltar a se tornar um. Uma poderosa ferramenta para despertar nossa alma é aprender histórias dos *Tzadikim* – os justos –, as almas puras e elevadas que venceram os desafios, o apego e o medo do mundo físico e se tornaram canais para a revelação da Luz no mundo.

O meio em que estamos inseridos nos molda, ensinam os cabalistas. Acrescentam que nosso único livre-arbítrio é escolher o meio ambiente em que nos inserimos. Feito isso, o meio ambiente nos molda. Se estivermos inseridos em um meio de sábios, poderemos nos tornar sábios – e a sabedoria conduz à felicidade. Onde encontrar um meio ambiente de sabedoria?

Em nossos dias não é tão fácil. Felizmente, esse meio não precisa se restringir horizontalmente ao momento temporal em que vivemos. Podemos escolher um meio ambiente em que possamos interagir também na vertical do tempo.

Viver pensando nas histórias dessas grandes almas nos insere nelas. Estamos onde nossa consciência está. Se decidirmos investir nossa consciência nas almas puras que trabalharam para elevar o mundo, estaremos junto a elas.

Última palavra: vida

No dia do aniversário de falecimento de uma alma elevada, esta retorna ao mundo para nos ajudar. Mais importante que a data de nascimento é a data do falecimento. No dia em que uma pessoa nasce, a alma entra em um corpo e começa a viver os desafios deste mundo. Dependendo de como essa alma decide viver a vida, ela pode ou não cumprir sua missão. O destino ainda não está decidido. Ainda não dá para saber qual foi o resultado final. No dia do falecimento de um *Tzadik*, um justo que cumpriu sua missão, toda a energia que ele revelou em vida se manifesta. Por isso os cabalistas comemoram sempre o aniversário de falecimento dos grandes mestres – e investem esforço e consciência nessa data para se conectar com sua alma.

Quando uma lâmpada se queima, ela brilha mais no último suspiro do que durante a iluminação normal em seu tempo útil. Da mesma maneira, quando uma grande alma deixa este mundo, seus últimos momentos manifestam a totalidade da Luz que revelou em vida. Por isso, vamos começar com os últimos momentos de Rabi Shimon bar Yochai, autor do Zohar, o maior de todos os mestres da Kabbalah.

A última palavra que saiu da boca de Rabi Shimon bar Yochai foi "vida". O escriba Rabi Aba, que estava anotando os últimos ensinamentos do mestre, ficou esperando o próximo ensinamento, mas só obteve silêncio. A luz era tão forte na casa que ofuscava a vista. Vozes dos céus diziam versículos das Escrituras contendo a palavra vida. Um fogo incessante rodeava a casa, e ninguém podia se aproximar de Rabi Shimon, por causa da luz e do fogo ao seu redor. Rabi Aba ficou jogado no chão, imóvel, chorando. Quando o fogo baixou, ele viu que a Luminária Sagrada, Rabi Shimon, o santo dos santos, tinha deixado o mundo, enrolado em seu manto, deitado sobre seu lado direito, com um semblante sorridente.

A casa toda emitia boas fragrâncias. Os amigos estavam confusos, sem saber o que fazer. Rabi Elazar, filho de Rabi Shimon, beijou as mãos do pai, enquanto Rabi Aba continuava prostrado no chão. Os amigos choravam. Rabi Elazar parecia paralisado, sem saber o que dizer. Finalmente, falou:

– Pai, pai, eram três, que voltaram a ser um.

Três grandes homens viviam no mundo: Rabi Elazar, seu pai, Rabi Shimon bar Yochai, e o sogro deste, Rabi Pinchas ben Yair. Com a partida de Rabi Shimon, só restou Rabi Elazar.

A grande árvore que alimentava todos os animais do campo tinha partido. E agora, de onde todos receberiam sua alimentação?

Após um esforço para se levantar, Rabi Chiá disse:

– Até agora a Luminária Sagrada nos protegia. Agora é nossa vez de nos esforçarmos em sua honra.

O modo como os alunos de Rabi Shimon se referem ao seu mestre, "Luminária Sagrada", demonstra o nível de respeito e reverência que tinham por ele. Tinham consciência de que Rabi Shimon era uma fonte de luz que trazia iluminação para o mundo todo. Quanto mais respeito uma pessoa tem pelos ensinamentos e pelo mestre, mais benefícios receberá do estudo. A quantidade de ensinamentos que você pode receber é diretamente proporcional ao nível de reverência que sente pelo que está recebendo. Ao longo de todo o Zohar, os estudiosos procuram demonstrar constantemente o respeito e o amor que tinham um pelo outro.

Esse ensinamento é igualmente válido para outros aspectos da vida. Quando uma pessoa come, recebe energia da comida. O quanto a pessoa respeita e dá valor à energia da comida determina quanto de energia ela verdadeiramente receberá dela. O quanto uma pessoa respeita a natureza determina quanta energia de verdadeira plenitude receberá de volta da natureza. O quanto uma pessoa respeita e dá valor à relação determina quanto de energia positiva poderá receber dessa relação.

Ainda num estado de confusão, no meio do cheiro milagroso de incenso, Rabi Elazar e Rabi Aba levaram Rabi Shimon ao seu leito.

De repente, apareceram homens violentos, armados, do vilarejo vizinho de Tzipori. Queriam que Rabi Shimon fosse enterrado em seu território, pois sabiam que o túmulo de um justo traz bênçãos e prosperidade. Estavam dispostos a levá-lo à força para lá. Os habitantes de Meron os confrontaram, aos gritos, porque também queriam o mérito de ter o mestre enterrado em sua terra.

Ouviu-se um estrondo, começou uma ventania, e a cama onde estava o corpo de Rabi Shimon se ergueu no ar e saiu voando, rodeada de fumaça e fogo. Uma voz ressoou dos céus, dizendo:

– Preparem-se e reúnam-se para a festa de Rabi Shimon!

O leito de Rabi Shimon voou até uma caverna em Meron. Ao entrar na caverna, outra voz foi ouvida:

– Este é o homem que fez a terra tremer, que provocou reinos. As forças de acusação se calaram no plano celestial por sua causa. Este é Rabi Shimon, em quem o Mestre se glorifica todos os dias. Bendita é sua porção acima e abaixo. Quantos tesouros aguardam por ele! Sobre ele está escrito, no último versículo do livro de Daniel: "Quanto a você, siga seu caminho, chegará a época do seu repouso, e depois você despertará para receber sua porção, ao chegar o final dos tempos".

Assim termina a *Idra Zuta*, a pequena assembleia, ocasião em que Rabi Shimon bar Yochai finalizou os ensinamentos do Zohar sagrado e se eternizou como maior mestre da Kabbalah. Percebemos que, para seguir os ensinamentos espirituais, precisamos abandonar a lógica cartesiana do mundo dos cinco sentidos e estar abertos para a realidade espiritual, que segue outra lógica, a lógica dos mundos superiores.

Rabi Shimon deixou o mundo no dia de *Lag Ba'Omer*, no 18º dia do mês lunar de Iyar, o mês de Touro, dia de festa e alegria, em que os canais estão abertos para a conexão com a alma que até hoje nos ilumina por meio dos ensinamentos do Zohar.

No século XX, quando o cabalista Rav Yehuda Ashlag terminou de escrever sua tradução e seu comentário sobre o Zohar, chamado de *Sulam* – a Escada –, ele foi com um grupo de alunos até o túmulo de Rabi Shimon, em Meron, e pediu que cantassem juntos uma melodia sem letra. O motivo pelo qual eles cantavam tal melodia, explicou

Rav Ashlag, é que ele não tinha palavras para descrever a gratidão que estava sentindo naquele momento, por ter tido o mérito de escrever o comentário que permitiria que a Luz do Zohar fosse revelada ao mundo. Não existem palavras para descrever o poder do Zohar.

O dia em que Rabi Shimon escolheu deixar o mundo

Voltando um pouco atrás nesse mesmo dia, o Zohar nos revela que Rabi Shimon escolheu o dia em que deixou o mundo.

No dia que escolheu para deixar o mundo, Rabi Shimon reuniu seus amigos em sua casa. Seu filho Rabi Elazar estava acompanhado de Rabi Aba e outros amigos, e a casa estava cheia de gente.

Rabi Shimon estava num nível de consciência tão elevado que tinha total controle de seu destino, podendo inclusive escolher o dia em que deixaria o mundo. Sabia que ao deixar o mundo abriria um canal eterno naquela data para todos nós nos conectarmos com a Luz.

Rabi Shimon ergueu os olhos e chorou:

– Da outra vez em que fiquei doente, Rabi Pinchas ben Yair estava comigo. Todos ficaram por aqui, esperando enquanto eu subia e indagava a respeito de meu lugar no Paraíso. Quando voltei, estava cercado por um fogo que não permitia que ninguém entrasse em minha casa sem permissão. Agora vejo que o fogo apagou e que a casa está cheia.

Um fogo rodeou a casa. Todos saíram e foram esperar do lado de fora, exceto Rabi Elazar e Rabi Aba, que ficaram. Rabi Shimon disse ao filho:

– Vá procurar por Rabi Isaac, porque sou fiador dele. Diga a ele para arrumar suas coisas e vir para cá, ficar do meu lado. Ele é um abençoado!

Rabi Shimon se levantou da cama, se sentou e riu de forma jovial. Perguntou pelos outros amigos. Rabi Elazar se levantou e convidou todos a entrar. Todos se sentaram diante do mestre. Rabi Shimon ergueu suas mãos e fez uma oração, demonstrando felicidade.

Depois, falou:

– Que os amigos que estavam na Grande Assembleia se aproximem.

Todos os outros saíram. Ficou o filho de Rabi Shimon, Rabi Elazar. Junto com ele, Rabi Aba, Rabi Yehuda, Rav Yossi e Rabi Chiá. Nisso, Rabi Isaac entrou.

Anos antes, Rabi Isaac tinha escapado da morte, graças a Rabi Shimon, que intercedeu por ele nos mundos superiores e pediu que mais tempo de vida fosse dado ao aluno querido. O pedido de Rabi Shimon tinha sido concedido, mas ficou combinado que Rabi Isaac teria que partir no dia da partida do mestre. Esse dia tinha chegado. Rabi Shimon disse a Rabi Isaac:

– Fique muito alegre hoje, porque você terá aquilo que merece!

Percebemos que Rabi Shimon estava totalmente tranquilo com a iminência de sua partida. Quando uma pessoa alcança um nível alto de espiritualidade, sabe que a morte é apenas uma ilusão. Ela não é um verdadeiro fim, mas uma transição para a próxima etapa da existência da alma.

Rabi Aba se sentou atrás de Rabi Shimon, enquanto Rabi Elazar se sentou à sua frente. Rabi Shimon disse:

– Este é um momento de boa vontade, e quero chegar ao mundo da verdade sem ter do que me envergonhar. Revelarei os assuntos sagrados que até hoje mantive em segredo e não revelei. Faço isso diante da presença divina, para que não seja dito que deixei este mundo em falta.

A urgência que Rabi Shimon sentia para revelar seu conhecimento mostra que ele não queria deixar o mundo antes de cumprir a tarefa a ele designada. Aprendemos com isso que devemos agir da mesma forma, nos dedicando a descobrir qual é o nosso papel no mundo e executando com esmero nossa tarefa, antes da expiração de nosso tempo limitado. A alma do homem é como uma vela do Criador. Assim como uma vela acende e apaga, a alma fica acesa neste mundo por um tempo limitado, depois ela se apaga. Em vez de nos dedicarmos aos desejos mesquinhos do ego, devemos elevar nossa consciência e nos dedicar a atividades que realmente farão diferença na grande figura. Devemos nos esforçar com nossa vida para ser alguém que ajudou este mundo a se elevar.

Antes de começar suas últimas revelações, Rabi Shimon organizou os alunos em suas funções daquele dia em diante:

– Rabi Aba será o escriba. Rabi Elazar, meu filho, ensinará oralmente. Os outros amigos meditarão silenciosamente os ensinamentos.

Cada um tem a sua função. Cada um tem sua tarefa. Sua felicidade vem de fazer a sua tarefa. Não olhe para a tarefa dos outros, não queira para você a tarefa dos outros. A tarefa dos outros é necessária para que eles alcancem a felicidade plena. A tarefa que levará você à sua felicidade plena é a sua tarefa, não a deles. Olhe fixamente para o seu caminho e concentre-se em fazer a sua parte.

Rabi Shimon se enrolou em seu manto e se sentou.

– Só os vivos podem louvar o Criador. Quem são os vivos? Os justos. Quem é considerado morto? Pessoas egoístas.

Antes de começar as revelações da *Idra Zuta*, a pequena assembleia, Rabi Shimon se lembrou do encontro anterior, a *Idra Raba*, a Grande Assembleia.

– Na *Idra Raba*, o Criador veio com Suas carruagens. Agora o Criador está aqui com os justos vindos do Paraíso. O Criador tem enorme respeito pelas almas dos justos, e o fato de vir aqui com eles demonstra um grande respeito por nós.

Nos últimos momentos da vida de um justo, a alma fica iluminada com a manifestação de toda a Luz que o justo revelou durante sua vida. Rabi Shimon ainda estava no plano físico, mas tinha total visão do plano invisível das almas. Viu que o grande Rav Hamnuna Saba tinha vindo ouvir suas palavras, junto com setenta almas iluminadas. Seu sogro Rabi Pinchas ben Yair também tinha vindo. A energia era tanta que os amigos tremiam e se sentavam pelos cantos da casa. Rabi Elazar e Rabi Aba eram os únicos que aguentavam ficar diante de Rabi Shimon, que disse:

– Em nosso encontro na *Idra Raba* todos puderam falar. Hoje só eu falarei, e todos ouvirão minhas palavras, tanto os de cima como os de baixo. Eu sou do meu amado, e o desejo do meu amado é por mim. Durante toda a minha vida meu desejo esteve direcionado ao Criador, e agora o desejo do Criador está voltado para mim. Ele e Seu exército sagrado vieram com alegria escutar as palavras ocultas e o louvor mais secreto daquele que é Um.

"Durante toda a minha vida meu desejo esteve direcionado ao Criador." Esse era o segredo de Rabi Shimon. Durante toda a vida ele concentrou sua consciência na direção da Luz do Criador. Pensava na Luz, se esforçava para entender o sistema criado pela Luz, se dedicava a espalhar a Luz. Como Rabi Shimon, somos grandes almas. Como Rabi Shimon, precisamos nos concentrar no aspecto interno da vida, no desenvolvimento interior. Rabi Shimon não perdia tempo com desejos mundanos. Seu segredo foi concentrar seu desejo sempre na Luz do Criador.

Assim Rabi Shimon iniciou as profundas revelações da *Idra Zuta*, a pequena assembleia, um momento eterno de iluminação e união entre os mundos espiritual e físico.

Os ensinamentos do Zohar são chamados de "segredos da Torá". Precisamos entender o que significa a palavra "segredo" nesse contexto. Em geral, um segredo é uma coisa que contamos para uma pessoa, mas que ela não pode contar para mais ninguém. Se um segredo é revelado e passa a ser de conhecimento comum, deixa de ser um segredo. Se o Zohar revelou os segredos da Torá, eles deixaram de ser segredos. Por que são chamados assim, então? No contexto do Zohar, a palavra "segredo" tem outro significado. Está escrito nos Salmos (34:9): "Provem e vejam como o Criador é bom". Para que uma pessoa esteja realmente firme no caminho espiritual, ela precisa ter uma experiência praticamente tangível da Luz divina. Ela precisa realmente sentir na pele, com clareza, a bondade do Criador. O propósito da revelação do Zohar foi permitir que todos nós sentíssemos o gosto da Torá e da Luz dos mundos superiores. Esse é o significado de "revelar um segredo" no contexto do Zohar. Revelar um segredo significa revelar uma Luz. Não é por acaso que em hebraico "segredo" e "Luz" têm a mesma numerologia.

Todos nós temos uma Luz interna, que é o nível de energia que já está revelado para nós, e uma Luz circundante, que é o nosso potencial. O Zohar revela esse potencial que há dentro de todos nós – a Luz circundante. O estudo do Zohar nos permite manifestar a Luz circundante. Por meio da conexão com o Zohar e com Rabi Shimon bar Yochai, podemos nos conectar com nossos próprios segredos, isto é, com nossa Luz circundante, e assim revelar todo o potencial da nossa alma.

Rabi Shimon não deixa Satan trabalhar

Tudo isso se passou depois que Satan se queixou ao Criador que não podia mais executar seu trabalho de prover o livre-arbítrio à humanidade.

A Kabbalah explica que Satan é uma força que existe no universo e dentro de cada um de nós. Ele tem um trabalho a fazer, uma incumbência que recebeu do próprio Criador: ser nosso oponente no jogo da vida. Satan se esforça para nos fazer cair em tentação. Ele nos testa e assim nos oferece o livre-arbítrio, dando ao ser humano a oportunidade de se conectar com a Luz do Criador por meio do seu próprio esforço. Satan não é mau. Ele é parte fundamental do quebra-cabeça da Criação, proporcionando-nos a oportunidade de merecer nossa realização, por meio do esforço pela transformação proativa.

Disse Satan ao Criador:

– Criador do mundo, o Senhor me deu uma função: oferecer a tentação aos seres humanos, para que eles possam evoluir por meio de seu próprio esforço. Até agora, cumpri minha tarefa com afinco. Mas com a presença de Rabi Shimon bar Yochai no mundo não posso mais trabalhar. Além de não cair em nenhuma das minhas armadilhas, ele ainda vai atrás de mim aonde quer que eu vá e me impede de cumprir minha função. Peço que ele seja retirado do mundo, ou não terei mais como exercer meu serviço.

O Criador aceitou os argumentos de Satan. Então, disse a Rabi Shimon:

– Preciso que você deixe o mundo. A humanidade precisa de mais tempo para alcançar sua correção espiritual.

Rabi Shimon entendeu que tinha que mudar de dimensão, deixar o plano físico e partir para o plano espiritual. Escolheu o dia de *Lag Ba'Omer,* que representa a *Sefirá* ou dimensão de *Hod* de *Hod* nas sete semanas da contagem do *Omer*. O mundo espiritual é composto por dez dimensões. A última delas se chama *Malchut*, que é onde se dá a manifestação final de toda a energia.

Embora esteja em um nível mais elevado, a dimensão de *Hod* pode ser vista como *Malchut* num sentido espiritual. Assim, *Hod* de *Hod* representa a manifestação da energia em um nível espiritual. Representa também a revelação da Torá em um nível espiritual ou potencial, já que a revelação da Torá se dá depois de *Malchut* de *Malchut*. Na prática, Rabi Shimon escolheu um dia para deixar o mundo em que sua partida teria o máximo efeito positivo. O Zohar ensina que, quando uma alma elevada deixa o plano físico, isso traz grande purificação para o mundo e cancela julgamentos. Rabi Shimon, até na escolha do dia de partir, quis beneficiar a humanidade da melhor maneira possível.

A cada ano, na noite de *Lag Ba'Omer*, estudantes de Kabbalah no mundo inteiro se reúnem para comemorar o dia em que Rabi Shimon terminou sua missão e estudam o Zohar a noite inteira, para se conectar com a incrível energia disponível que nos protege das forças negativas. Em Meron, no túmulo de Rabi Shimon, multidões cantam e dançam a noite inteira e acendem fogueiras que simbolizam o fogo ardente dos ensinamentos deixados pelo mestre.

Rabi Shimon
cancela decretos

O Zohar relata que, um dia, Rabi Shimon e seu filho Rabi Elazar saíram na rua para ver por que estava anormalmente escuro. Olharam para cima e viram um anjo gigantesco, do tamanho de uma grande montanha, que soltava chamas pela boca.

Rabi Shimon falou ao anjo:

– O que você pretende fazer por aqui?

O anjo respondeu:

– Quero destruir o mundo, porque não há trinta justos nesta geração.

Educadamente, Rabi Shimon falou ao anjo:

– Quero pedir um favor a você. Volte ao Criador e diga a Ele que o filho de Yochai se encontra no mundo, e que meu mérito equivale ao de trinta justos.

O anjo deu meia-volta e retornou aos céus. Apresentou-se diante do Criador e falou:

– Senhor do Universo, o Senhor já sabe o que disse o filho de Yochai.

O Criador falou ao anjo:

– Vá destruir o mundo e não dê ouvidos a Bar Yochai.

O anjo voltou. Ao vê-lo, Rabi Shimon ameaçou:

– Se não retornar ao Criador imediatamente, prenderei você aqui embaixo de um jeito que nunca mais poderá voltar aos céus.

Você ficará no lugar de Aza e Azael, que foram expulsos dos céus pelo Criador e jogados na terra. Quando chegar ao Criador, diga a Ele que, se não existirem trinta justos no mundo, existem vinte. Se não existirem vinte, existem dez. Se não houver dez, há dois, eu e meu filho. E se não houver dois, então há um, que sou eu. Como está escrito: o justo é o alicerce do mundo.

Nesse momento, ouviu-se uma voz dos céus que disse:

– Feliz é a sua porção, Rabi Shimon. O Criador decreta acima e você cancela abaixo. Sobre você está escrito: "Ele faz conforme os desejos dos que O temem".

Rabi Shimon tinha o poder de mudar destinos, cancelar decretos e afastar julgamentos. O estudo do Zohar nos conecta com esse mesmo poder. Estudar o Zohar traz proteção e cura e abre os portões da prosperidade.

Nenhuma sentença se mantém no lugar onde está Rabi Shimon

Um dia, Rabi Isaac estava sentado, triste, à porta da casa de seu amigo Rabi Yehuda. Rabi Yehuda saiu e, ao ver seu amigo naquele estado de melancolia, perguntou:

– O que há com você hoje?

Rabi Isaac respondeu:

– Eu vim lhe pedir três coisas: primeiro, quando você transmitir ensinamentos espirituais e mencionar lições que ouviu de mim, por favor, cite meu nome, para que ele seja lembrado. Segundo, que você ensine a Torá a meu filho Yossef. Terceiro, peço que você venha me visitar em meu túmulo todos os sete dias de luto e reze por mim.

Rabi Yehuda indagou:

– Como você sabe que vai morrer?

Rabi Isaac explicou:

– Minha alma deixa meu corpo todas as noites, mas já não me ilumina mais em sonhos como antigamente. Além disso, quando eu chego ao ponto da oração que diz "aquele que escuta e aceita as orações", eu olho para minha sombra espiritual na parede e não vejo nada. Por isso sei que vou morrer, porque está escrito: "Cada homem anda numa sombra". Enquanto a sombra do homem não o abandona, "cada homem anda". Isto é, seu espírito se mantém dentro dele. Mas, quando a sombra da pessoa não pode mais ser vista, ela deixa este mundo.

Rabi Yehuda acrescentou:

– Isso também deriva do versículo "porque nossos dias sobre a terra são uma sombra". Eu atenderei seus pedidos. Mas também tenho um pedido: assim como vivemos juntos neste mundo, reserve para mim um lugar perto de você no outro mundo.

Ao escutar as palavras do amigo, Rabi Isaac se emocionou, chorou e disse:

– Por favor, não me deixe só.

O que você faz quando tem um problema? Vai ao seu mestre, que, no caso deles, é Rabi Shimon bar Yochai. Encontraram Rabi Shimon ocupado com a Torá. Rabi Shimon ergueu os olhos e viu o anjo da morte correndo e dançando ao redor de Rabi Isaac. Rabi Shimon se levantou, segurou Rabi Isaac pelas mãos e disse:

– Eu decreto que quem costuma entrar na minha casa entre, e que quem não costuma entrar não entre.

Assim, o anjo da morte não conseguiu entrar. Rabi Isaac e Rabi Yehuda entraram.

Rabi Shimon olhou para Rabi Isaac e viu que a hora da sua morte não chegaria até a oitava hora do dia. Rabi Shimon disse a seu filho, Rabi Elazar:

– Sente-se à porta e, se vir alguém, não fale nada. Se alguém tentar entrar, impeça.

O que se faz quando se está nas últimas horas de vida? Estuda-se, para revelar um pouco mais de Luz. Rabi Shimon colocou Rabi Isaac à sua frente e estudou a Torá com ele. Rabi Shimon disse a Rabi Isaac:

– Você viu hoje seu falecido pai? Sabemos que, quando uma pessoa está para deixar este mundo, seu pai e os parentes que já faleceram vêm recebê-la, e a pessoa os vê e os reconhece. Todos aqueles com quem a pessoa viverá no outro mundo se reúnem para estar com ela e acompanhar a alma à sua nova moradia.

Rabi Isaac respondeu:

– Até agora não vi meu pai.

Nesse momento, Rabi Shimon bar Yochai se levantou e disse:

– Senhor do Universo, temos aqui conosco Rabi Isaac, que é um dos sete olhos.

Na Idra Raba, a Grande Assembleia, um grupo de dez estudiosos participou da revelação dos ensinamentos do Zohar. Três deles completaram sua missão e deixaram o mundo. Rabi Isaac foi um dos sete que permaneceram vivos, por isso Rabi Shimon se refere a ele como um dos sete olhos.

Rabi Shimon continuou:

– Estou segurando Rabi Isaac agora e peço: dê-o a mim!

Uma voz ressoou:

– O trono do Mestre alcançou uma união através das asas de Rabi Shimon. Rabi Isaac é seu, e você deverá trazê-lo quando vier se sentar em seu lugar.

Rabi Shimon disse:

– Com certeza eu o levarei comigo quando deixar o mundo.

Enquanto Rabi Shimon falava, Rabi Elazar, seu filho, viu o anjo da morte ir embora. Rabi Elazar disse:

– Nenhuma sentença se sustenta no lugar onde está Rabi Shimon.

Rabi Shimon disse ao filho:

– Venha aqui. Abrace Rabi Isaac, porque ele está com medo.

Rabi Elazar abraçou o amigo, enquanto Rabi Shimon voltou aos estudos. Rabi Isaac, exausto, adormeceu. Em um sonho, viu seu pai, que disse:

– Meu filho, feliz é a sua porção neste mundo e no próximo mundo, porque você está sentado entre as folhas da Árvore da Vida, no Paraíso. Rabi Shimon é uma árvore grandiosa e forte nos dois mundos, e você está nos seus galhos. Feliz é sua porção, meu filho.

Rabi Isaac perguntou:

– Pai, como é o meu lugar aí no mundo da verdade?

O pai de Rabi Isaac respondeu:

– Durante três dias seu aposento foi preparado, com janelas abertas para iluminá-lo das quatro direções do mundo. Vi seu lugar e me alegrei. O único porém que me deixava triste era que você não tinha tido tempo de ensinar a Torá ao seu filho.

O pai de Rabi Isaac prosseguiu:

– Doze justos estavam se preparando para ir ao seu encontro. Quando estavam saindo, um som ressoou pelos mundos: "Amigos, Rabi Shimon solicitou ao Criador que Rabi Isaac não morra, e o pedido foi atendido!". E isso não é tudo. Setenta locais estão enfeitados para Rabi Shimon no Mundo Superior. Cada local tem portas que se abrem para setenta mundos, cada mundo se abre para setenta canais, cada canal se abre para setenta coroas celestiais, onde há caminhos que levam à *Atika*, o mais oculto de todos, onde os maiores prazeres deliciam e iluminam a todos.

Rabi Isaac perguntou:

– Pai, quanto tempo de vida eu ganhei aqui neste mundo?

O pai respondeu:

– Não tenho permissão de lhe revelar, porque nenhum homem pode saber isso. Mas na festa de Rabi Shimon, no dia em que ele partir, você estará presente para colocar sua mesa e revelar segredos com ele.

Rabi Isaac acordou feliz. Seu rosto brilhava. Rabi Shimon percebeu o brilho no rosto do aluno e disse:

– Você teve alguma revelação!

Rabi Isaac confirmou:

– Tive mesmo!

Rabi Isaac contou o sonho a Rabi Shimon e se curvou diante do mestre.

Desse dia em diante, Rabi Isaac passava cada momento do dia com seu filho, ensinando-lhe a Torá. Quando ia estudar com Rabi Shimon, deixava o filho sentado por perto, esperando.

Assim como Rabi Shimon afastou o anjo da morte e cancelou a sentença de morte que pairava sobre Rabi Isaac, a leitura dessa história do Zohar nos ajuda a eliminar consequências negativas que ainda não vieram de ações erradas nossas.

Aliás, o que é o anjo da morte?

Estamos condicionados a pensar sempre nas causas aparentes, no plano físico. A Kabbalah nos ensina que tudo que acontece no plano físico é um mero efeito. A causa está sempre no plano espiritual, invisível.

Seja qual for a *causa mortis* de uma pessoa no atestado de óbito, a verdadeira causa espiritual é a ação do anjo da morte. O fim de um relacionamento, da saúde ou de uma boa situação financeira também é causado por essa força.

Nós damos energia para o anjo da morte toda vez que agimos de forma egocêntrica e reativa. Para ter poder sobre ele, precisamos nos tornar semelhantes à Luz. Quando todos os nossos pensamentos e ações estão direcionados a revelar Luz, como certamente era o caso de Rabi Shimon bar Yochai, podemos eliminar essa força, que cria fim não somente da nossa vida, mas também da vida das pessoas ao nosso redor.

Em última instância, atingiremos a **imortalidade** para a qual fomos criados.

O mestre de Rabi Shimon: Rabi Akiva

Até os 40 anos de idade, Rabi Akiva era um pastor analfabeto, que detestava os estudiosos. Então conheceu Rachel, filha do milionário Kalba Savua. Rachel percebeu sua humildade e pureza. Ela viu seu potencial e percebeu que, se Akiva se concentrasse na espiritualidade, ele alcançaria a grandeza. Akiva disse a Rachel que só poderia se dedicar aos estudos se tivesse uma mulher como ela ao seu lado. Rachel aceitou unir-se a ele, com a condição de que se dedicasse aos estudos. Foi Rachel quem encorajou Rabi Akiva a estudar e a se transformar. O pai de Rachel se opôs fortemente ao casamento, chegando a deserdar a filha. O casal viveu em um estado de pobreza, a ponto de Rachel ter que vender seus cabelos para possibilitar que o marido continuasse seus estudos. A princípio, Rabi Akiva achava impossível que alguém que tivesse vivido tantos anos na ignorância conseguisse mudar. Mas um dia, andando na beira de um rio, viu uma pedra na qual caíam pingos de água, e a pedra estava furada. Entendeu que, se com o passar dos anos os suaves pingos de água tinham conseguido fazer um furo na sólida pedra, ele também poderia se transformar, com dedicação e perseverança.

Akiva passou os doze anos seguintes estudando e tornou-se o maior sábio de sua geração. Depois de doze anos, voltou para casa com doze mil discípulos. Ao chegar, antes de falar com a mulher, ouviu a conversa entre Rachel e uma vizinha. A vizinha disse:

– Por quanto tempo você ainda viverá como uma viúva, apesar de ser casada? Seu marido já deve ter se esquecido da sua existência.

Rachel respondeu:

– Se depender da minha vontade, espero que ele estude por mais doze anos.

Ao ouvir isso, Rabi Akiva deu meia-volta e estudou durante mais doze anos.

Quando voltou mais uma vez para casa, vinte e quatro mil alunos o seguiam. Ao saber disso, Rachel foi recebê-lo. Quando chegou ao marido, ela se prostrou e beijou seus pés. Os ajudantes de Rabi Akiva a afastaram. Estava malvestida, por causa da pobreza, e tinha sido confundida com uma mendiga. Ao perceber quem era, Rabi Akiva falou:

– Deixem essa mulher em paz. Tudo o que eu tenho e que vocês têm é por causa dela. Rachel de Rabi Akiva merece o crédito pelo crescimento do seu marido, e é uma prova de que por trás de todo grande homem há uma grande mulher.

Aprendemos dessa história uma importante lição sobre o papel do homem e da mulher num relacionamento. O homem, quando se interessa por uma mulher, gosta dela exatamente do jeito como a vê, e gostaria que ela continuasse assim para sempre. A mulher, quando se interessa por um homem, vê o potencial dele e pensa: "Com minha ajuda, acredito que ele possa melhorar". Tanto o homem como a mulher devem manter esse pensamento inicial. O homem deve se esforçar para ouvir sua mulher e tê-la como prioridade na sua vida, porque é isso que a mulher deseja: ser amada em primeiro lugar. E a mulher deve se esforçar para continuar admirando o marido e acreditando no seu potencial. Mesmo se precisar ser dura com ele, internamente ela precisa acreditar no potencial dele. Assim os dois podem evoluir juntos e alcançar sua missão de vida.

Rabi Akiva passou os últimos anos da sua vida ensinando o que tinha aprendido. Entre seus alunos estão Rabi Meir Baal Ha'Nes, o mestre dos milagres, e Rabi Shimon bar Yochai.

O Talmude conta que, quando o Criador levou Moisés ao Monte Sinai para receber a Torá, Moisés teve uma visão de todos os sábios de todas as gerações, até a Era Messiânica. Moisés se sentiu humilde diante da grandeza de uma alma que considerou maior que a sua e disse ao Criador que a Torá não deveria ser entregue a ele, mas sim a esse gigante espiritual, que era Rabi Akiva.

Rabi Akiva foi um dos quatro grandes sábios que entraram no Pardes, o pomar, isto é, que conheceram as profundezas da Kabbalah e os segredos do universo. Ele foi o único que voltou saudável, mental e espiritualmente. Rabi Akiva recebeu uma tradição oral que transmitiu ao seu querido aluno Rabi Shimon bar Yochai.

Rabi Akiva foi o líder espiritual da revolta de Bar Kochba contra os romanos, no ano 135 E.C. A revolta acabou fracassando. Os romanos emitiram um decreto proibindo o estudo da Torá, e Rabi Akiva foi condenado à morte. Ele é um dos dez mártires que morreram durante a época da destruição do segundo Templo, para pagar pelo erro dos irmãos de José, que o venderam como escravo, segundo o livro de Gênesis. Rav Isaac Luria, o Ari, diz que os dez mártires são a reencarnação das dez tribos e que sua morte foi um *tikun* (correção) para o que tinham feito com o irmão.

É famosa a declaração de Rabi Akiva de que o centro de toda a Torá é amar ao próximo como a si mesmo. Ironicamente, seus vinte e quatro mil alunos morreram numa epidemia, por não respeitarem uns aos outros. Eram sábios e estudiosos, mas não foram capazes de internalizar a essência dos ensinamentos do mestre: o amor. Rabi Shimon bar Yochai foi um dos alunos que sobreviveram, e o ensinamento do Zohar é baseado no amor e na união, dando continuidade à semente plantada por Rabi Akiva.

A morte de Akiva é um importante acontecimento histórico que demonstra o nível espiritual atingido pelo sábio. Akiva foi executado por soldados romanos de forma brutal: sua pele foi arrancada lentamente por garras de ferro. Mesmo agonizante, Rabi Akiva manteve sua consciência conectada com o plano espiritual, e começou a recitar a oração do *Shemá Israel*. Um aluno, sofrendo com a dor de seu mestre, perguntou a Rabi Akiva:

– Mestre, é essa a recompensa pela sua dedicação ao Criador?

Rabi Akiva respondeu:

– A vida toda esperei por este momento. Sempre quis entender o versículo que ordena "amar a Deus com toda a sua alma". Agora estou podendo cumprir a ordem, dedicando minha vida ao Criador, mesmo quando minha alma está partindo.

Com isso, Rabi Akiva prolongou a palavra final da oração, *Echad* (um), e sua alma deixou o mundo.

O profeta Elias, acompanhado do fiel ajudante de Akiva, Yehoshua, foi buscar o corpo de Akiva na prisão. Elias pegou o corpo de Akiva. Yehoshua questionou:

– Você é um Cohen (sacerdote). Por que está pegando um corpo?

Os sacerdotes não podem tocar um cadáver, para não ficar impuros. Não devem nem mesmo ficar sob o mesmo teto em que há uma pessoa morta.

Como Yehoshua sabia que Elias era sacerdote? Ele sabia que Elias era reencarnação de Pinchas, neto de Aarão, o primeiro de todos os sacerdotes. Elias tinha vindo acompanhar o enterro de Akiva, porque havia muitas gerações ele estava ajudando aquela alma a se corrigir.

Protegidos por batalhões de anjos, eles levaram o corpo durante a noite até uma caverna e o deixaram ali. Ao saírem, a caverna se fechou.

Na porção de Pinchas, conforme ela é escrita no rolo da Torá, há um espaço em branco no meio de um versículo (Números 26:1), fato bastante raro. O versículo diz: "E foi depois da epidemia", e nesse ponto há uma interrupção.

A história dessa epidemia é que os midianitas não tinham obtido sucesso em seu plano de destruir os israelitas usando feitiçaria. Entenderam que a proteção de Israel vinha de seu comportamento moralmente elevado e decidiram que, se conseguissem destruir a moralidade do povo, conseguiriam destruí-los. As mulheres midianitas eram lindas. A mais bonita delas, Kozbi, foi instruída a invadir o acampamento israelita e seduzir Moisés. Uma vez que o nível espiritual do líder de Israel tivesse caído, o povo todo estaria vulnerável. Como Kozbi reconheceria Moisés? Explicaram a ela que, quando visse um senhor respeitado, cercado de muitas pessoas fazendo perguntas e pedindo orientação, ela saberia que era Moisés. Ela entrou no acampamento e encontrou um homem que correspondia à descrição, a quem ela prontamente seduziu. A energia dos dois era tão forte que eles começaram a ter uma relação sexual em público.

Só que ela havia se enganado – o homem não era Moisés, mas Zimri, líder da tribo de Shimon. A relação deles excitou a tribo inteira e deflagrou uma orgia. O comportamento imoral gerou uma epidemia, na qual vinte e quatro mil pessoas morreram. Quando percebeu o que estava acontecendo, o sacerdote Pinchas, neto de Aarão, pegou uma lança e matou o casal que ele tinha entendido ser a causa de toda a mortandade, interrompendo a epidemia.

Zimri e Kozbi eram grandes almas, com um potencial espiritual gigantesco. Pinchas viu isso. Ao matá-los, ele não estava castigando pessoas negativas, mas sim ajudando grandes almas a se corrigirem.

Zimri reencarnou como Rabi Akiva, alcançando o potencial espiritual da sua alma. Kozbi, por sua vez, voltou como a mulher do general romano Turnus Rufus. Turnus Rufus sempre quis destruir Rabi Akiva, mas não conseguia. Sua mulher disse que Rabi Akiva estava protegido devido ao seu comportamento moralmente impecável. Pediu permissão ao marido para seduzir o sábio e, assim, destruir sua moralidade. Aparentemente, o ódio que Turnus Rufus tinha de Akiva era maior que o ciúme que sentia de sua mulher, porque ele permitiu que ela fosse em frente com o plano. No entanto, quando ela se aproximou de Rabi Akiva, este a desprezou. A humilhação causou um despertar na mulher, e ela perguntou ao sábio se sua alma ainda tinha alguma salvação. Rabi Akiva disse que sim e mostrou-lhe o caminho do arrependimento. Ela acabou se convertendo e se casou com Rabi Akiva. Foi sua segunda esposa depois que Rachel faleceu. Ela usou as riquezas que trouxera do primeiro casamento para ajudar Rabi Akiva a disseminar os ensinamentos espirituais.

As almas passam por situações semelhantes vida após vida, até se corrigirem. Zimri e Kozbi não resistiram ao forte desejo sexual que sentiram um pelo outro. Como Rabi Akiva e a mulher de Turnus Rufus, as almas de Zimri e Kozbi finalmente alcançaram sua correção. Elias, que é a reencarnação de Pinchas, fez questão de acompanhar Rabi Akiva até seu local de repouso eterno, porque tinha lutado por aquela alma por várias gerações. Como Pinchas, ele começou o trabalho, ao matar Zimri e Kozbi. No momento da morte de Rabi Akiva, sua missão com essas almas estava cumprida, e Elias quis estar presente no último momento.

Os vinte e quatro mil alunos de Rabi Akiva que morreram na epidemia por não respeitarem um ao outro eram a reencarnação dos vinte e quatro mil israelitas que morreram em decorrência da praga causada por Zimri. Eles retornaram com seu antigo líder para fazer seu Tikun/correção.

Por que o versículo da Torá que fala sobre a epidemia é interrompido no meio? O versículo não termina porque a epidemia não terminou. Os vinte e quatro mil que morreram na época de Pinchas retornaram como alunos de Rabi Akiva e acabaram morrendo novamente em outra epidemia. É nesse momento que o versículo finalmente encontra sua conclusão.

Entre as várias lições profundas que podemos derivar dessa história, uma delas é entender que cada um de nós também está aqui para corrigir erros do passado. Desta vez, queremos aproveitar a oportunidade e a dádiva da vida para terminar o que temos que terminar, sem ter que voltar.

Treze anos na caverna

Os romanos tinham proibido o estudo da Torá, e Rabi Akiva, mestre de Rabi Shimon, já tinha sido executado por não aceitar a proibição.

Um dia, Rabi Shimon estava conversando com seus colegas Rabi Yehuda bar Ilai e Rabi Yossi. Rabi Yehuda elogiou as obras e melhorias feitas pelos romanos que governavam a Terra de Israel na época. Rabi Yossi manteve o silêncio ao ouvir o elogio, mas Rabi Shimon bar Yochai não pôde ficar calado:

– Tudo de bom que eles fizeram foi somente em benefício próprio.

Quando as críticas de Rabi Shimon chegaram aos ouvidos dos romanos, eles o condenaram à morte. Rabi Shimon e seu filho Rabi Elazar fugiram e se esconderam numa caverna perto da cidade de Pequiin.

Na caverna, surgiu por milagre uma árvore de alfarroba e uma fonte de água, de onde eles comiam e bebiam. A única ocupação de pai e filho na caverna era se aprofundar no entendimento da Torá. Para isso, recebiam diariamente a visita da alma do profeta Elias, que ensinava a eles o que viria a ser mais tarde o livro do Zohar. Para explicar algumas passagens mais complexas, a alma de Moisés vinha visitá-los. Toda vez que é citado no Zohar, Moisés é chamado de *Reia Mehemna*, o Pastor Fiel.

Como só tinham uma muda de roupas, Rabi Shimon e Rabi Elazar guardavam-nas para usá-las no Shabat. Durante o resto da semana, eles se enterravam até o pescoço na terra, para que ficassem cobertos durante seus estudos sagrados.

Quando saiu da caverna, depois de treze anos, Rabi Shimon tinha o corpo todo marcado e decomposto, por ter vivido tantos anos naquela situação. Seu sogro, Rabi Pinchas ben Yair, ao vê-lo naquele estado lastimável, não conseguiu se conter e lamentou:

– Que dor estou sentindo por ver você assim!

Rabi Shimon respondeu:

– Feliz é minha porção por você ter me visto assim, porque se não tivesse me visto assim eu não seria quem sou.

Rabi Shimon tinha entendido perfeitamente que, para atingir o elevadíssimo nível espiritual que tinha atingido, ele precisava ter passado por aquela situação de total desapego de qualquer conforto físico.

Todos nós estamos neste mundo para realizar alguma coisa. Cada pessoa tem sua missão. A única maneira de realizarmos nosso potencial é enfrentando dificuldades.

O Talmude revela que inicialmente Rabi Shimon e Rabi Elazar deixaram a caverna depois de doze anos. Quando viram o mundo pela primeira vez depois de tanto tempo isolados na caverna, totalmente dedicados ao engrandecimento espiritual, viram pessoas arando a terra. Não puderam compreender como alguém podia devotar tempo a uma ocupação mundana em vez de meditar em questões eternas. De seus olhos saíram raios de fogo, que queimaram a plantação. Todo lugar em que os olhos deles batiam se queimava. Uma voz ecoou dos céus, dizendo:

– Vocês saíram da reclusão para destruir o mundo?

A voz ordenou que voltassem ao isolamento da caverna, onde ficaram mais um ano imersos nos estudos, mas desta vez buscando maior equilíbrio. Quando saíram novamente, já não tinham pensamentos condenando as atitudes mundanas. Ao contrário, queriam ajudar o mundo a se corrigir. Não queriam destruir, queriam construir.

Devemos deixar de ser críticos e evitar julgar tudo o que os outros fazem de errado. Em vez disso, devemos nos esforçar para ver o bem. Quando vemos o bem em outra pessoa, despertamos e fortalecemos o bem. E, se escolhemos ver o mal – sim, porque é uma escolha decidir ver o bem ou o mal –, fortalecemos o mal.

Quando julgamos a escuridão de outra pessoa, despertamos a mesma escuridão na nossa vida. Ao permitirmos que nossa consciência vá a algum lugar, trazemos aquele mesmo elemento para nossa vida. Se uma pessoa não se permite ver o mal nos outros e se obriga a ver o bem, ela traz somente o bem para sua própria vida.

Ao optar por ver o bem, fazemos duas boas ações:

1) Trazemos Luz para nossa vida.

2) Aproximamos a outra pessoa da Luz.

Sempre temos duas opções:

1) Ver o negativo na situação – o que trará essa mesma energia para nossa vida; ou

2) Ver o positivo – o que trará o positivo para nossa vida.

Em vez de ficarmos tristes porque fizeram alguma coisa conosco, temos a opção de ver o bem e a oportunidade por trás da situação, despertando, dessa forma, o bem que está oculto.

O passo seguinte de Rabi Shimon foi reunir seu filho e um grupo de discípulos, a quem começou a revelar os segredos da Kabbalah que tinha aprendido durante os treze anos na caverna. Ensinamentos que tinham sido transmitidos apenas oralmente, de geração em geração, passaram a ser transcritos no que veio a se tornar o Livro do Zohar.

Idra Raba –
A Grande Assembleia

Certa noite, dez homens entraram numa caverna no norte de Israel. Para quem enxerga somente com os olhos físicos e com os cinco sentidos, o que se viu foram dez amigos conversando sobre assuntos espirituais. Mas a energia revelada foi tão grande que, ao final da noite, somente sete deles saíram vivos do local. Três grandes almas terminaram sua correção ali mesmo e deixaram o mundo.

Na caverna da *Idra Raba* ou Grande Assembleia, os segredos do Zohar foram compartilhados em público pela primeira vez. Dez homens, dez grandes almas, se reuniram para esse evento de proporções tão grandiosas que, cabalisticamente, pode ser comparado em importância com a revelação da Torá no Monte Sinai. Afinal, o Zohar e a Kabbalah revelam a alma da Torá, o aspecto interno da sabedoria, fundamental para uma compreensão abrangente dos ensinamentos que o Criador outorgou à humanidade.

Rabi Shimon disse:

– É hora de agir pelo Criador: eles invalidaram a sua Torá (Salmos 119:126). Os dias são poucos, e o lado negativo está colocando pressão. Todos os dias um anúncio ressoa pedindo arrependimento, porque os que preparam o campo são poucos. Eles estão no final do vinhedo, e mesmo eles não estão atentos para o caminho.

Rabi Shimon quis dizer que poucas pessoas realmente compreendiam o significado interno da Torá. Espiritualidade tinha se transformado em religiosidade, perdendo o sentido original, que é nos ensinar os princípios e regras que regem o universo e a vida. A espiritualidade nos coloca num caminho de transformação. A pessoa espiritualizada está sempre olhando para dentro de si, buscando o mal em si e fazendo um constante esforço para se corrigir. A pessoa religiosa muitas vezes segue um roteiro predefinido, no automático. Ela se julga acima dos não religiosos ou dos seguidores de outras religiões. Ela não entende que o objetivo da oração é ser uma ferramenta para a transformação. Enquanto a espiritualidade une e nos ajuda a ser tolerantes, a religião muitas vezes separa e nos torna intolerantes.

Rabi Shimon estava em dúvida. Ele sentou e chorou. Disse:

– Ai de mim se eu revelar e ai de mim se eu não revelar.

Ele sabia que, se não revelasse os segredos da Torá, eles seriam perdidos. Aquela luz certamente faria falta no futuro. Mas, se os revelasse, uma pessoa que não fosse merecedora dos significados internos poderia ter acesso aos ensinamentos.

Os amigos – companheiros ou amigos, assim são denominados os estudiosos que aprendem com Rabi Shimon – ficaram em silêncio. Até que Rabi Aba tomou coragem, se levantou e disse:

– Por favor, revele os ensinamentos. Está escrito que "o segredo do Criador está com aqueles que o temem" (Salmos 25:14). Os amigos temem o Criador.

Quem eram os amigos que estavam no momento da grande revelação de Rabi Shimon? Seu filho Rabi Elazar, Rabi Aba, Rabi Yehuda, Rabi Yossi bar Yakov, Rabi Isaac, Rabi Chizkiá bar Rav, Rabi Chiá, Rabi Yossi e Rabi Yessa. Eles se sentaram num círculo dentro da pequena caverna, situada num campo cheio de árvores. Hoje em dia, essa caverna fica no meio de um vinhedo que produz ótimos vinhos. Rabi Shimon entoou uma oração e os aceitou. Arrumou os alunos na posição adequada, colocando seu filho Rabi Elazar bem à sua frente e Rabi Aba do outro lado.

O silêncio era completo, até que ouviram um som que os fez estremecer. Era o som dos amigos no mundo de cima se reunindo. Anjos e carruagens dos céus estavam presentes no momento em que Rabi Shimon começou a compartilhar os ensinamentos que tinha recebido.

Ao começar, Rabi Shimon fala de dois tipos de espírito. Um deles não é confiável, porque sua mente ainda não é estável. O segundo tipo é o espírito fiel, estável, que sabe ocultar aquilo que deve ser mantido em segredo.

Quando Rabi Shimon começou a revelar os segredos, o local começou a sacudir e os amigos tremeram. Nesse ponto do Zohar, Rabi Shimon decifra segredos das escrituras e faz um paralelo com aspectos da Criação e do mundo espiritual. Toda a *Idra Raba* revela bênçãos poderosas. Não é por acaso que no Zohar a *Idra Raba* se encontra dentro da porção da Torá de *Nassó*. Em *Nassó* está a bênção que o Criador ensinou a Moisés:

Números 6:22-27:

E o Criador falou a Moisés, e disse: "Fala a Aarão e a seus filhos, e diga: Assim abençoarão aos filhos de Israel, dizendo:

Que o Criador te abençoe e te guarde.

Que o Criador faça resplandecer Seu rosto sobre ti e te agracie.

Que o Criador tenha misericórdia de ti e ponha em ti a paz.

E colocarão o Meu Nome sobre os filhos de Israel e Eu os abençoarei".

No original em hebraico, os três versículos principais da bênção começam com a letra hebraica Iud. As iniciais formam, portanto, a sequência Iud-Iud-Iud, que corresponde a um dos 72 Nomes de Deus.

 Iud – Iud – Iud

Aprendemos que para mandar bênçãos para outra pessoa basta meditar nessa sequência simples, e uma Luz poderosa é canalizada.

O Baal Shem Tov estava viajando de cidade em cidade, compartilhando ensinamentos espirituais. Um homem simples pediu que ele fosse à sua casa. O Baal Shem Tov terminou a reza da manhã e foi à casa do homem. Ao chegar, viu que ele ainda estava rezando. Ficou aguardando. O homem demorou horas até acabar a reza. Quando finalmente terminou as orações, o mestre perguntou por que ele tinha demorado tanto. O homem disse que era exatamente esse o motivo pelo qual tinha pedido a visita. Disse que não sabia usar o *Sidur*, o livro de rezas. Por isso, lia o livro inteiro todos os dias de manhã. Queria ajuda para aprender a rezar corretamente. Com enorme paciência e desejo de ajudar uma alma, o Baal Shem Tov sentou-se com o homem e mostrou-lhe todo o livro, explicando qual era a reza da manhã, qual era a oração da tarde e qual era a reza da noite. Marcaram com pequenos papéis as páginas das diferentes orações e o momento certo de fazer cada uma. Depois de horas de trabalho, o Baal Shem Tov deixou o livro de orações do homem todo marcado e disse que tinha que seguir seu caminho. Com enorme gratidão, o homem se despediu do mestre, que foi embora.

Assim que o sábio partiu, o homem entrou em casa e disse aos filhos, crianças pequenas, a quem tinha pedido silêncio para poder estudar com o mestre, que já podiam ir brincar. Os filhos, na típica bagunça infantil, jogaram o livro de rezas recém-marcado no chão. Todas as marcações saíram de seus lugares.

Ao ver o que tinha acontecido, o homem se desesperou. Tantas horas de trabalho em vão! Mas, agora que tinha começado a aprender a rezar, ele não iria desistir tão fácil. Resolveu ir atrás do Baal Shem Tov para marcar as páginas de novo.

Começou a seguir a trilha percorrida pelo mestre, que estava bem à frente. O Baal Shem Tov chegou a um rio cuja água estava bastante revolta. Sem perceber que estava sendo seguido, pegou um lenço, colocou-o no rio e o atravessou caminhando por cima das águas.

O homem viu o milagre, mas ainda estava distante do mestre. Chegou ao rio e resolveu imitar o sábio. Pegou um lenço e atravessou o rio da mesma maneira.

Finalmente, o homem alcançou o sábio:

– Mestre, mestre, meus filhos jogaram o livro de rezas no chão, por favor, me ajude a marcar as páginas de novo!

O Baal Shem Tov olhou para trás, disposto a ajudar o homem. Mas perguntou, surpreso:

– Como você chegou aqui? Como atravessou o rio?

– Eu vi o que você fez e fiz o mesmo com meu lenço – respondeu o homem.

Boquiaberto, o Baal Shem Tov bateu nas costas do homem e disse:

– Sua reza está ótima do jeito que está; você não precisa mudar nada!

Aprendemos dessa história o poder da simplicidade. Temos grande poder, mas muitas vezes complicamos demais as coisas. Queremos fórmulas complexas para solucionar nossos problemas. A fórmula é simples: Iud, Iud, Iud. Bênção. Simplicidade.

Ao final da *Idra Raba*, antes de saírem da caverna, três dos amigos faleceram. Rabi Yossi bar Yaakov, Rabi Chizkiá e Rabi Yessa deixaram o mundo, e os amigos que sobreviveram viram anjos sagrados os levarem.

Rabi Shimon ficou preocupado, com medo de que suas revelações tivessem causado a morte dos amigos. Sabia que a Luz que tinha acabado de revelar equivalia à revelação de Moisés no Monte Sinai. Uma voz celestial o acalmou:

– Rabi Shimon, você é digno de louvor. Louvada é sua porção e a porção dos amigos que o acompanham, porque foi revelado a vocês o que não foi revelado a todas as legiões do mundo superior. Os amigos partiram num estado de perfeição. Eles completaram sua correção.

O Zohar revela que os amigos morreram "com um beijo", uma forma de morte que demonstra que a correção foi completada e que a passagem se deu sem sofrimento algum.

Ao saírem da caverna, Rabi Shimon percebeu que o mundo todo tinha sido abençoado por causa deles. Seus rostos brilhavam tanto que ninguém conseguia encará-los.

Dez entraram na reunião e sete saíram dela. Rabi Shimon estava contente, mas Rabi Aba continuava sofrendo pela morte dos seus amigos. Um dia, estavam sentados juntos e viram os três amigos, a quem os anjos estavam mostrando tesouros e câmaras construídas em sua honra no mundo superior. Ao ver a cena, Rabi Aba se tranquilizou e teve certeza de que as almas dos amigos estavam bem.

Mesmo uma grande alma como Rabi Aba pode ter seu momento de tristeza. Mas a tristeza indica que estamos vendo apenas uma parte da figura. No momento em que Rabi Aba compreendeu a totalidade, isto é, quando viu que os amigos estavam ótimos, a tristeza se foi. O mesmo deve valer para nós. Quando acontece alguma coisa desagradável, nós ficamos tristes. Mas, com aceitação, paciência e perseverança para continuar no caminho correto, veremos que o que se passou era necessário para nos levar a um lugar melhor.

É interessante perceber que, quanto mais elevado o nível espiritual de uma pessoa, mais rápido ela consegue aceitar que tudo que acontece é pelo bem. Rabi Shimon, o mestre, conseguiu alcançar no mesmo dia a compreensão de que a morte dos amigos era uma bênção. Para Rabi Aba, o discípulo, isso demorou alguns dias a mais. Quanto a nós, a Kabbalah nos provê uma metodologia para evitar o caos. Queremos evitar dor e sofrimento em nossas vidas e ter uma vida com satisfação e plenitude. Mas, se algo negativo já aconteceu, o que podemos fazer é aceitar e compreender que isso também é pelo bem.

A história a seguir, que escutei da boca do meu mestre, ilustra bem a lição.

Moshe era o funcionário preferido de um grande proprietário de terras. Um dia, o fazendeiro precisou fazer uma viagem e deixou Moshe encarregado de cuidar da propriedade. Isso despertou a inveja dos outros empregados. Todos os dias eles o agrediam, e ele chegava chorando em casa, com marcas pelo corpo das pancadas que tinha levado.

Finalmente, depois de três semanas, o proprietário retornou. Encontrou Moshe todo machucado.

– O que aconteceu com você? – perguntou, aflito.

– Os outros empregados ficaram com raiva por eu ter sido nomeado encarregado em vez deles e me bateram todos esses dias – respondeu o capataz.

– Que horror! – exclamou o chefe. – E que irresponsabilidade a minha, por ter colocado você nessa situação. Preciso fazer alguma coisa para reparar o dano. Quantas pancadas você levou, Moshe?

– Levei oitenta golpes.

– Então darei a você oitenta moedas de ouro, uma por cada golpe que levou por minha culpa.

Moshe ficou rico. Foi para casa, e mais uma vez chegou lá chorando. Sua esposa perguntou o que tinha acontecido:

– Você está chorando! Levou outra surra?

– Não, pelo contrário. O chefe voltou e me deu oitenta moedas de ouro, uma para cada golpe que levei durante o tempo em que ele estava fora.

– Estamos ricos! – comemorou a mulher. – Você deveria estar feliz! Por que está chorando?

Moshe respondeu:

– Se eu soubesse antes que ele me daria uma moeda de ouro por cada pancada, eu teria apanhado mais!

A lição dessa história é que na vida passamos por processos difíceis, que envolvem dor e sofrimento. Em vez de focar as pancadas que levamos ao longo do processo, devemos focar nossa consciência no fim, na conexão com a Luz do Criador que vem em decorrência do processo e na plenitude e satisfação que obteremos no final. As pancadas da vida não são em vão. Elas nos levam em direção à Luz. Se nos concentrarmos nisso, o processo ficará bem mais fácil.

Do dia da *Idra Raba* em diante os amigos estavam sempre na casa de Rabi Simon. Quando o mestre revelava segredos, ninguém mais participava a não ser eles. Rabi Shimon se referia a eles como "os sete olhos do Criador". Rabi Yehuda se referia a Rabi Shimon como Shabat, de onde os seis dias da semana recebem todas as suas bênçãos.

Rabi Shimon ainda queria saber uma coisa: onde estava o profeta Elias e por que ele não estava presente na revelação dos ensinamentos sagrados?

Elias surgiu, iluminado. Rabi Shimon perguntou:

– Por que meu mestre não estava presente durante a festa nesse dia tão alegre?

Elias respondeu:

– Sete dias antes de você entrar naquele local, todos os que deveriam estar com você estavam sendo escolhidos na presença do Criador. Eu estava lá e queria estar presente. Mas não pude ir, porque naquele dia o Criador me enviou numa missão para fazer milagres para Rav Hamnuna Saba, o ancião, e seus amigos, que tinham sido presos. Realizei um milagre e derrubei a parede da prisão onde estavam. Resgatei Rav Hamnuna Saba e seus amigos e os levei até um lugar onde ficaram a salvo. Levei pão e água para eles, que estavam sem comer havia três dias. Durante o dia da sua revelação eu estava com eles. Quando voltei, vi três dos amigos sendo carregados pelos anjos.

Por fim, Rabi Shimon e Elias discutem as coroas que os justos recebem durante a lua nova, nos dias festivos e no Shabat. Antes de partir, Elias revela a Rabi Shimon que ele será santificado mais que todos os outros justos.

Zonas do Tempo

abi Shimon e o profeta Elias discutiram o assunto da lua nova, dos dias festivos e do Shabat. Esse assunto é bastante mencionado no Zohar e trata de um conhecimento prático e útil.

Cada dia representa um pacote de energia. Uma das dádivas da sabedoria da Kabbalah é nos ensinar as diferentes energias de cada época do ano. Além disso, a Kabbalah nos provê ferramentas para nos conectarmos com essas diferentes energias, fazendo a ponte entre nosso mundo físico, ilusório, e o mundo espiritual, eterno.

Na terminologia cabalística, o dia da lua nova é chamado de "cabeça do mês". Assim como a cabeça controla o corpo inteiro, o dia da cabeça do mês controla o mês inteiro. É o nível de Keter do mês, isto é, a semente energética do mês. Tudo que fazemos no dia da lua nova afeta o mês inteiro, assim como a semente determina a árvore toda. Por isso os cabalistas enfatizam a importância de manter uma consciência elevada e fazer meditações especiais nesse dia. Existem duas luas novas no ano que têm uma energia ainda mais especial, que são as luas novas de Áries e de Libra.

Áries é o primeiro mês do ano. A Torá chama o mês de Áries de "cabeça dos meses", o que nos informa que o mês de Áries controla o ano todo. Aquilo que fazemos durante esse mês molda o resto do ano. Mais especificamente, os doze primeiros dias do mês lunar de Áries determinam o mês correspondente do ano.

O primeiro dia de Áries influencia todo o mês de Áries. O segundo dia de Áries determina o segundo mês, que é Touro. O terceiro dia de Áries influencia o terceiro mês, Gêmeos. E assim por diante.

Já a lua nova de Libra se chama Rosh Hashaná, a cabeça do ano. O Zohar explica que no dia da lua nova da Balança, todas as almas do mundo são julgadas segundo suas ações, e é determinado como será o ano de cada pessoa, de acordo com esse julgamento. O Zohar prevê uma série de ferramentas desde o mês anterior, Virgem, para mudar nosso destino no momento do julgamento. Basicamente devemos olhar para dentro de nós, lembrar de nossos erros do passado, reconhecer os erros e fazer um compromisso de agir diferente no futuro. Feito isso de forma verdadeira, deixamos de ser a pessoa que éramos antes e, por isso, podemos ter um novo destino.

O conceito do sétimo dia, o Shabat, em que é recomendado o descanso, também passa a ser visto de outra forma pela perspectiva do Zohar. Lendo a Torá de forma literal, o Criador criou o mundo em seis dias e no sétimo descansou, por isso também devemos descansar. Mas o Criador é uma força infinita e, como tal, não fica cansado. O Zohar explica que o Criador injetou no sétimo dia a energia do descanso. Quando estamos descansados? Quando estamos plenos. Toda semana, a partir do anoitecer de sexta-feira, o mundo físico se eleva acima da influência das forças negativas e se conecta com o mundo espiritual. Durante 25 horas, que é o tempo que dura o Shabat, podemos receber iluminação sem a interferência da escuridão. Para isso, dedicamos o dia ao estudo, à oração e à meditação, além de estar com a família e pessoas queridas. Tudo isso com a intenção de receber energia.

Todas as festas do calendário cabalístico representam janelas cósmicas durante as quais podemos receber algum tipo de energia. Por exemplo, Pessach, comemorado na lua cheia de Áries, é o dia em que os israelitas saíram da escravidão no Egito. De um ponto de vista cabalístico, em Pessach não estamos rememorando um evento do passado. Estamos nos conectando com a mesma energia que foi revelada durante aquele evento, mas que, na verdade, estava disponível desde a criação do mundo. Por ser o primeiro signo do zodíaco, Áries é considerado o signo com o maior ego. A lua cheia é o dia em que a energia do mês está no auge. Logo, na noite de Pessach, na lua cheia de Áries, o ego está com total poder. Se nesse dia conseguimos restringir o ego, conquistamos a liberdade para o ano inteiro. Que ferramenta podemos usar para nos ajudar a tirar proveito dessa oportunidade única?

O Zohar ensina que o pão representa o ego, por ser um alimento que incha. O ego inflado nos afasta da Luz do Criador e da plenitude. Para escapar da escravidão do ego, em Pessach, em vez de comer pão, a Torá sugere comer matzá. O matzá é um pão não fermentado, que não aumenta de tamanho. O Zohar diz que em Pessach o matzá é um remédio ou um antídoto contra a má inclinação, contra o ego inflado, que nos torna escravos do nosso faraó interno. Comer matzá em Pessach com a consciência de que estamos nos libertando de nosso Egito interno nos livra do caos por um ano inteiro. A mesma ação, no entanto, quando feita sem consciência, por mera tradição, tem seu efeito drasticamente reduzido. Tudo depende da nossa consciência, e o entendimento do objetivo espiritual da ação é fundamental para que ela surta efeito.

A visão de Rabi Chiá

A Kabbalah é transmitida de mestre para discípulo, e a primeira pergunta que se faz no mundo da Kabbalah para saber se a pessoa é realmente bem-preparada é "quem foi ou quem é o seu mestre". Da mesma forma, para saber se um mestre foi realmente bem-sucedido em sua missão de iluminar o mundo, examine seus alunos. A grandeza dos alunos demonstra a dimensão de quem ensinou a eles.

Rabi Chiá era um dos principais alunos de Rabi Shimon. No prólogo do Zohar há um artigo que conta como Rabi Chiá subiu aos mundos superiores depois do falecimento do seu mestre e estudou com ele na academia celestial, onde Rabi Shimon ilumina as almas mais elevadas. O próprio Messias vem fazer uma visita a Rabi Shimon, deixando Rabi Chiá trêmulo.

Rabi Chiá se jogou no chão, beijando a poeira da terra, e exclamou:

– Terra, terra, como você é obstinada. Que desgraça, todas as maravilhas acabam enterradas em seu seio. Você consome e destrói todos os faróis do mundo. Como você é impertinente! A Luminária Sagrada que iluminava o mundo, o grande líder que governa o mundo inteiro e cujo mérito sustenta o mundo está sendo consumido por você. Rabi Shimon, a Luz da iluminação, a Luz dos mundos! Você está morto na terra, ao mesmo tempo que ainda sustenta e rege o mundo.

De início, Rabi Chiá parece estar entristecido com a capacidade que a terra tem de engolir mesmo as maiores almas. Mas o Zohar relata que ele fez uma pausa e teve uma nova reflexão:

– Terra, terra, não fique vaidosa! Porque os pilares do mundo não serão entregues em suas mãos, e Rabi Shimon não será consumido por você.

Rabi Chiá entendeu que a terra engolindo o corpo de Rabi Shimon era uma ilusão. Na verdade, a alma de Rabi Shimon estava mais viva do que nunca. Enquanto um justo está habitando um corpo físico, seu espírito fica limitado pela fisicalidade. Fica confinado num único lugar. Depois que o justo deixa o plano material, seu espírito pode estar em vários lugares ao mesmo tempo e ter uma influência ainda maior. Alguns cabalistas afirmam que passaram a ter mais contato com seus mestres depois que estes faleceram. Enquanto eram vivos, só podiam estar juntos algumas horas por dia. Depois que partiram, passaram a ficar o tempo todo juntos.

Rabi Chiá se levantou e caminhou, chorando, junto ao amigo Rabi Yossi. Queria voltar a ter contato com seu mestre Rabi Shimon. Decidiu fazer quarenta dias de jejum completo, sabendo que isso permite o encontro com grandes almas que já partiram. Após esse grande esforço, ele subiu aos mundos superiores, onde ouviu que não tinha permissão de se encontrar com Rabi Shimon. Rabi Chiá ainda não estava preparado.

Se você quer ter sucesso no caminho espiritual, um dos ingredientes principais é a perseverança. As pessoas desistem muito facilmente de seus sonhos e planos. Não suportam uma frustração e abandonam seus projetos inacabados.

Rabi Chiá demonstrou ser uma alma forte e com verdadeiro anseio pela Luz. Ouviu um não depois de grande esforço, mas não desistiu. Fez mais quarenta dias de jejum. O desejo é o receptor para a Luz. Então, teve o mérito de ter uma visão de Rabi Shimon e seu filho Rabi Elazar. Eles estavam estudando, e milhares de almas ouviam seus ensinamentos.

Rabi Chiá viu anjos. Rabi Shimon e Rabi Elazar montaram nos anjos e foram carregados pelos céus até a academia de estudos celestial, onde mais anjos os aguardavam. Rabi Shimon e Rabi Elazar brilhavam tanto que iluminavam mais que o sol.

Rabi Shimon pediu permissão para que Rabi Chiá pudesse ver como os justos resplandecem no mundo espiritual:

– Como é feliz quem pode vir aqui sem se envergonhar. Como é feliz quem pode ficar ereto no mundo da verdade, como um alicerce poderoso que sustenta a tudo!

Rabi Chiá entrou, e Rabi Elazar, em sinal de respeito, ficou de pé. Outras grandes almas também se levantaram para Rabi Chiá, que ficou bastante envergonhado. Em sua humildade, era um choque ver as colunas que sustentam o mundo ficarem de pé em sua homenagem. Rabi Chiá se apequenou e foi se sentar aos pés do seu mestre Rabi Shimon.

Uma voz celestial foi ouvida:

– Baixem os olhos, não ergam as cabeças e não olhem!

Rabi Chiá baixou os olhos e viu uma luz distante que brilhava. A voz continuou a anunciar que uma grande Luz seria revelada. Mais almas se juntaram aos que já estavam presentes. Alguns desciam, outros subiam, e acima de todos estava o anjo Metatron, o mais importante da hierarquia celestial.

Como se não bastasse, outra voz anunciou:

– Abram alas para o Rei Messias, que está vindo visitar a academia de Rabi Shimon.

Os mundos superiores são divididos em várias academias, de diferentes mestres espirituais. Quando a alma de uma pessoa deixa o corpo durante a noite para ser reabastecida com energia pura, se ela tiver o mérito, pode ir a uma dessas academias e estudar com sábios, profetas e mestres. Os grandes cabalistas antigos conseguiam até escolher, antes de dormir, com quem desejavam aprender naquela noite e determinavam para qual casa de estudos iriam durante o sono.

O Messias visita todas as casas de estudo e recebe energia de todos os mestres. Para os mestres, é uma grande honra receber tão ilustre visita. Por isso, todos ficaram de pé quando o Messias entrou. A Luz de Rabi Shimon atingiu o auge. O Messias disse:

– Mestre, como você é abençoado. Seus ensinamentos iluminam o mundo e deleitam o Criador.

O Messias começou a tremer e ergueu sua voz. Os céus também tremeram, assim como os mares. O mundo estava à beira da destruição. Nesse momento, o Messias percebeu a presença de Rabi Chiá, sentado aos pés de Rabi Shimon, e disse:

Mestres da Kabbalah

– Quem permitiu que um ser humano, vestindo as roupagens do mundo, entrasse aqui?

Como Rabi Chiá, ainda num corpo físico, podia estar num lugar restrito a anjos e a grandes almas?

Rabi Shimon respondeu:

– Este é Rabi Chiá, a luz brilhante da Torá.

O Messias sugeriu:

– Que ele e seus filhos se juntem a nós.

Do ponto de vista dos mundos superiores, o que significa viver mais alguns anos no plano físico? Um tempo de vida para nós é como um piscar de olhos no mundo da verdade. O Messias viu que, se Rabi Chiá tinha o mérito de estar ali, ele já estava pronto para deixar o mundo com seus filhos e ficar por lá definitivamente. Mas Rabi Shimon pensava diferente:

– Que seja dado mais um tempo a ele.

E assim foi feito.

O Messias foi embora tremendo e com os olhos cheios de lágrimas. Rabi Chiá estava transtornado e desabou num choro copioso. Conseguiu reunir forças e dizer:

– Como são felizes os justos, com sua porção no Mundo Vindouro, e como é feliz o filho de Yochai, que tem tanto mérito.

Rabi Chiá voltou ao mundo físico e viveu mais alguns anos. Seu anseio profundo pela Luz possibilitou que visitasse o mundo espiritual, visse aquilo que ninguém mais tem permissão para ver e voltasse para nos contar a história.

Aprendemos com ele a ser uma das almas leves que voam e que levam todas as outras para cima – para a *Devekut*, união com a Fonte, com a Luz do Criador, fonte de prazer inimaginável.

O plano final do Criador é que todas as almas criadas atinjam em última instância esse estado de conexão com a Luz, em que só existe satisfação e prazer. Caos e dor serão eliminados para sempre.

Para isso temos que nos corrigir. Enquanto formos imperfeitos, a dor será inevitável.

Enquanto existir dor no mundo, existirá dor dentro de você. A dor do mundo reverbera em sua alma, causando dor. Para que a dor vá embora, você precisa procurar fazer alguma coisa para que sua vida beneficie a todos. Quando a dor de todos desaparecer, sua dor também desaparecerá.

Não temos escolha, o Criador não nos deixou outra opção que não a certa: precisamos fazer mais em prol dos outros, precisamos ajudar a curar a dor dos outros. Assim curamos a dor no mundo. Curando a dor no mundo, curamos a dor em nossa alma. Não temos escolha: temos que crescer juntos, unidos, rumo a uma mesma unidade: a Força gigantesca e maravilhosa que está por trás de tudo. Uma única inteligência que está em um estado de consciência acima – ou mais interna – de tudo o que existe.

Temos que render nosso ego a essa força maravilhosa e envolvente que só quer o nosso bem, que só quer nos dar um amor infinito, um suspiro ininterrupto de prazer, sem nenhuma dor, só leveza, pureza, harmonia e beleza.

Rabi Meir Baal Ha'Nes – o Senhor dos Milagres

Rabi Meir foi um importante sábio da Mishná. Ele foi um dos cinco alunos de Rabi Akiva que sobreviveram à praga que matou vinte e quatro mil estudiosos. Os outros quatro foram Rabi Yehuda bar Ilai, Rabi Eleazar ben Shamua, Rabi Yossi ben Halafta e Rabi Shimon bar Yochai.

O Talmude diz que seu pai era um convertido, descendente do imperador romano Nero. A esposa de Rabi Meir, Beruria, é uma das poucas mulheres citadas na Guemará.

Baal Ha'Nes significa "Senhor do Milagre". Rabi Meir ficou conhecido assim por causa da seguinte história.

Sua mulher, Beruria, era filha de Rabi Hanania ben Teradion, um dos dez mártires que morreram na época da destruição do Segundo Templo. Rabi Hanina foi enrolado num rolo da Torá e queimado vivo. Os romanos ainda colocaram lã seca no seu peito para que ele morresse lentamente. Ao ser queimado, ele disse aos seus alunos que podia ver as letras sagradas da Torá "voando" para o céu.

A irmã de Beruria foi condenada a viver uma vida de vergonha e foi colocada à força num bordel. Beruria pediu que o marido resgatasse a irmã. Rabi Meir pegou um saco de moedas de ouro e foi ao bordel disfarçado de cavaleiro romano. Descobriu que a irmã de Beruria tinha mantido sua castidade e tentou subornar o guarda. Este respondeu: "Quando meu supervisor descobrir, eu serei morto". Rabi Meir sugeriu ao guarda que ficasse com metade do dinheiro e utilizasse a outra metade para subornar os superiores. O guarda argumentou: "E quando o dinheiro acabar, o que farei?". Rabi Meir respondeu: "Diga: 'Deus de Meir, responda-me', e você será salvo". Quando o guarda perguntou como poderia ter certeza de que seria salvo, Rabi Meir respondeu: "Veja ali, cachorros que comem humanos. Irei até lá e você verá com seus próprios olhos". Rabi Meir caminhou até os cães, que avançaram para destroçá-lo. Ele clamou: "Deus de Meir, responda-me!", e os cachorros se afastaram. O guarda se convenceu e entregou a moça ao sábio. Quando os supervisores apareceram, ele os subornou com o dinheiro. Quando o dinheiro acabou, o caso se tornou conhecido e o guarda foi preso e condenado à forca. Quando amarraram a corda ao seu pescoço, ele disse: "Deus de Meir, responda-me!", e a corda se partiu, deixando todos estupefatos. Ele contou sobre o incidente, e foram atrás de Rabi Meir. O guarda se salvou.

Desde então, existe uma tradição de dizer, em momentos de crise, "responda-me, Deus de Meir, responda-me". Esse pedido também é usado para receber ajuda para encontrar objetos perdidos.

Existe uma história famosa que demonstra como Beruria, a mulher de Rabi Meir, era uma mulher de valor.

Numa tarde de Shabat, Rabi Meir estava sentado na casa de estudos, estudando a Torá. Enquanto isso, seus dois filhos faleceram. O que fez a mãe deles, Beruria? Ela os deitou em suas camas e dispôs um lençol de linho por cima deles. Ao final do Shabat, Rabi Meir chegou a casa e perguntou onde estavam os filhos. Ela respondeu que eles tinham ido para a casa de estudos. Ele disse: "Eu não os vi por lá". Ela entregou a ele o copo de Havdalá e ele disse a bênção para sair do Shabat. Em seguida, Rabi Meir perguntou novamente onde estavam os filhos. A esposa respondeu que eles tinham ido a algum lugar e que estavam voltando. Serviu comida ao marido, que comeu e recitou a bênção. Nesse ponto, a mulher disse que tinha uma pergunta a fazer. Ele disse: "Pergunte". A mulher falou: "Um homem esteve aqui mais cedo e me pediu que guardasse uma coisa para ele, e agora ele me pede que devolva. Devo devolver ou não?". Rabi Meir respondeu: "Com certeza a coisa deve ser devolvida ao proprietário". Ela, então, disse: "Sem seu conhecimento, eu não teria devolvido".

Ela pegou o marido pela mão, conduziu-o até a cama dos filhos e levantou o lençol. Ele viu os filhos mortos sobre a cama e começou a chorar, dizendo: "Meu filho, meu filho; meu mestre, meu mestre. Eles eram meus filhos, mas também eram meus mestres, porque iluminavam o rosto do pai com seu conhecimento da Torá". A esposa disse a ele: "Você não me disse que devemos devolver ao dono o que nos foi dado? Está escrito que o Criador dá, o Criador tira. Abençoado seja o nome do Criador". Rabi Hanina ensina que, com isso, Beruria confortou o marido e apaziguou seu espírito.

Beruria teve a sabedoria de dar a notícia ao marido de forma tranquila, apesar de ela mesma ter sido afetada pela tragédia. Beruria é considerada uma mulher de valor, que faz o bem, e não o mal, ao marido todos os dias da sua vida. Pela lei judaica, quando uma morte acontece no Shabat, não se pode cuidar das exigências legais para o enterro até depois desse período. Além disso, não se deve ficar de luto durante o Shabat. Beruria não queria que o marido violasse o Shabat, por isso, esperou até que ele fizesse a Havdalá, a refeição e a bênção depois da refeição, para dar a notícia terrível, na forma de uma parábola.

Oração de Rabi Meir: ANENI ELOHAI DE MEIR, ANENI.

Rabi Yehuda bar Ilai – felicidade constante

Rabi Yehuda bar Ilai, que está enterrado na estrada entre Meron e Safed, foi outro importante aluno de Rabi Akiva. Ele era tão alegre e jovial que, certa vez, uma mulher ficou observando seu comportamento e achou que estava bêbado. Quando confrontou o sábio, ele afirmou:

– Não gosto de beber.

– Então como pode estar tão feliz o tempo todo? – indagou a mulher.

– Eu sinto a Luz do Criador, fonte de todo o prazer.

Rabi Yehuda bar Ilai estava tão conectado com a Luz que sentia o tempo todo um prazer imenso. Se alguém o visse nos dias de hoje, pensaria que estava sob o efeito de alguma droga. No entanto, o prazer duradouro só pode vir da conexão com a Luz do Criador.

As pessoas pensam que obterão satisfação ao conseguir alguma coisa externa a elas ou alguma realização, em vez de internalizar a bênção com aquilo que já têm neste instante. Quando a pessoa sente a Luz do Criador constantemente, um ato simples como beber uma xícara de chá pode prover a maior alegria possível. Rabi Yehuda alcançou esse nível e ficava feliz o tempo inteiro. Vivia uma vida simples, o que levava algumas pessoas a quererem lhe dar dinheiro. Ele não aceitava, porque estava feliz com o que tinha, como demonstra o seguinte relato do Talmude.

Rabi Yehuda bar Ilai não se vestia de forma nobre, como convém a uma pessoa de sua grandeza espiritual. Ele e a mulher não tinham roupas quentes. A mulher conseguiu comprar uma lã barata e fez com ela uma túnica, que enfeitou com bordados para que tivesse melhor aparência. Na época, esse tipo de roupa servia tanto para homens como para mulheres, e Rabi Yehuda e a esposa compartilhavam a túnica. Quando ela tinha que ir ao mercado, usava a roupa, e o marido ficava em casa. Quando ele ia estudar ou rezar, vestia a túnica, e a mulher ficava em casa. Gostava tanto da roupa que, toda vez que a vestia, falava uma bênção: "Bendito o Criador, que fez para mim esta roupa". Estava tão satisfeito que não queria ter outra roupa nem reparava que outros homens vestiam trajes de melhor qualidade.

Um dia, o líder da geração, Raban Shimon ben Gamliel, decretou um jejum público. Era costume, em dias assim, que os sábios se reunissem na casa do líder para orar. Todos compareceram, exceto Rabi Yehuda bar Ilai. Sua mulher estava usando a roupa naquele dia, e ele não tinha o que vestir. Raban Shimon percebeu sua ausência e questionou os outros sábios para descobrir o motivo do não comparecimento de Rabi Yehuda. Explicaram que ele não tinha uma roupa adequada. Ao saber disso, o líder enviou um mensageiro com uma linda roupa a Rabi Yehuda. Quando o mensageiro chegou, Rabi Yehuda estava estudando, sentado numa esteira, no chão. O mensageiro mostrou a roupa e explicou que era um presente do líder da geração, que pedia sua presença na oração.

Rabi Yehuda recusou o presente, alegando que já tinha uma roupa bonita. Disse que em breve sua esposa retornaria e que então ele iria se reunir aos outros sábios. E acrescentou:

– Na verdade, não preciso de nada, sou muito rico.

Levantou a esteira onde estava sentado e mostrou ao mensageiro centenas de moedas de ouro. O mensageiro ficou estupefato ao ver a fortuna. Rabi Yehuda explicou:

– Tenho grandes riquezas, se desejar, mas não quero tirar deste mundo mais do que o necessário.

Ele cobriu o tesouro novamente com a esteira e as moedas sumiram.

Rabi Yehuda foi uma prova viva do ensinamento que diz que quem é rico é aquele que está satisfeito com o que tem.

Quando qualquer coisa acontecia na vida de Rabi Yehuda, ele pensava: isto vem do Criador e é para o meu bem. Ao ficar feliz com qualquer acontecimento, ele alcançou o nível máximo de sentir a bênção interna em tudo, assim, estava feliz o tempo todo. Quando vemos a bênção em tudo, passamos a ser um canal para os outros também receberem bênçãos.

Nachum Ish Gamzu – isto também é pelo bem

Nachum Ish Gamzu foi mestre de Rabi Akiva durante vinte e dois anos. Diante de qualquer acontecimento, ele costumava dizer "isto também é para o bem". Em hebraico, a frase é *"gam zu le'tová"*. *Ish Gamzu* quer dizer *o homem* (que diz) que *isto também* (é para o bem). Podemos aprender com ele que tudo que acontece é para o bem. Nachum Ish Gamzu abriu um canal através do qual podemos alcançar a compreensão de que não somente alguma hora o bem se revelará, mas desde o momento em que algo está acontecendo já devemos saber que é para o bem.

Os sábios de Israel enviaram uma caixa de pedras preciosas de presente ao imperador e mandaram Nachum Ish Gamzu como mensageiro, porque ele era especialmente protegido por milagres, e a viagem a Roma era arriscada. No caminho, Nachum dormiu numa estalagem. O dono da estalagem abriu a caixa e, ao descobrir que ela continha pedras preciosas, roubou-as e encheu a caixa com terra do seu jardim. Nachum não percebeu o que tinha acontecido e ofereceu a caixa cheia de terra como presente ao imperador. Quando este abriu a caixa e viu a terra, ficou furioso com o que julgou ser uma impertinência. Mandou prender Nachum Ish Gamzu, que respondeu à ocorrência com seu costumeiro *gam ze le'tová*, "isto também é para o bem". Essa certeza de que tudo que acontece vem da Luz e que, portanto, é para o bem, produziu um milagre: *Eliahu Ha'Navi*, o profeta Elias, apareceu a Nachum e disse que ele devia mandar dizer ao imperador que a terra que estava na caixa vinha do depósito de terra especial do patriarca Abraão, *Avraham Avinu*, e que com essa terra ele tinha vencido a batalha contra os quatro reis. Quando Abraão atirou a terra nos adversários, ela milagrosamente se transformou em flechas. O imperador foi testar a terra com antigos inimigos, que até então ele jamais tinha conseguido vencer. Jogou a terra em direção aos inimigos, e o milagre se repetiu com ele, por mérito de Nachum Ish Gamzu. Em júbilo pela conquista, o imperador libertou Nachum da prisão, encheu a mesma caixa com pedras preciosas e a enviou de volta a Israel com Nachum, com honrarias.

Na volta, Nachum passou pela mesma hospedaria onde tinha sido roubado. Espantado com a situação favorável de Nachum, o dono da hospedaria perguntou o que tinha acontecido. Nachum respondeu que a terra que estava na caixa tinha poder e permitira ao imperador vencer uma grande batalha. O dono da hospedaria encheu várias caixas com a terra do seu jardim e levou-as ao imperador, dizendo ser a mesma terra milagrosa de Abraão. O imperador tentou usar em uma batalha a terra levada pelo dono da hospedaria, mas nenhum milagre aconteceu e ele foi derrotado. Enraivecido, o imperador sentenciou a execução do dono da hospedaria.

Nachum tinha total confiança na Luz. Tinha certeza de que existe uma única força de infinita benevolência por trás de tudo. Essa Força só quer o nosso bem. Tudo que vem da Luz é bom. Se está acontecendo agora, obviamente vem da Luz, porque tudo vem da Luz, então é bom.

Nachum sentia o tempo todo que a vida realmente é boa. Estava num estado de conexão tal com a Luz do Criador que sentia a absoluta bondade o tempo todo. Ao que quer que acontecesse, Nachum podia com convicção dizer: isto também é para o bem.

É uma mera constatação da verdade última da vida. Tudo que acontece na vida de uma pessoa é para o seu bem. É pelo seu Tikun, é pela correção da sua alma. Tudo que acontece é exatamente o necessário para nos aproximar da Luz. Cada etapa do processo é uma etapa que deve ser apreciada e amada, porque conduz ao bem final. Se conduz ao bem final, ela já é o bem final. Nachum via isso. Sentia isso no cerne do seu ser.

Cada um de nós, ao elevar a consciência ao nível de *Emuná* – certeza – de Nachum Ish Gamzu, pode trilhar o caminho que ele abriu para todos nós. Tenha certeza na Luz. Amar ao Criador significa amar cada instante do processo, sabendo que vem do Criador e que, portanto, é para o bem, é pelo bem, é bom.

O filho de Rabi Yossi de Pekiin

Rabi Elazar estava viajando para visitar seu sogro, Rabi Yossi, que estava doente, acompanhado de Rabi Aba e outros amigos. Uma pomba pousou na frente de Rabi Elazar, trazendo uma mensagem dos mundos superiores. A notícia era boa: Rabi Yossi iria se curar. Mas outro estudioso com o mesmo nome, Rabi Yossi de Pekiin, morreria em vez dele. Em seguida apareceu um corvo, portador de más notícias. Mas Rabi Elazar o afastou, dizendo:

– Sua tarefa é essa, para isso você foi criado. Mas pode seguir seu caminho, porque eu já estou sabendo que o outro Rabi Yossi vai morrer.

Rabi Elazar diz aos amigos que eles devem ir visitar Rabi Yossi de Pekiin, para prestar-lhe as últimas homenagens, já que ele morava ali perto.

Os amigos se desviaram de seu caminho e foram à casa de Rabi Yossi de Pekiin. Um grupo de pessoas estava reunido na casa. Ao perceberem a chegada dos sábios, foram saudá-los. Os amigos entraram na casa.

Rabi Yossi tinha um filho pequeno, que não permitia que ninguém se aproximasse do leito onde o pai estava deitado, morto. Ele estava ali sozinho, chorando sobre o corpo do pai, com sua boca encostada na boca dele.

Inconformado, o menino disse:

Mestres da Kabbalah

– Senhor do Universo, a Torá diz que, se você vê um ninho de pássaros, deve deixar a mãe ir.

Em prantos, a criança prosseguiu:

– Senhor do Universo, respeite o que está escrito na sua Torá. Eu e minha irmã mais nova éramos os dois filhos de meu pai e minha mãe. O Senhor devia ter nos levado e agido de acordo com as palavras da Torá, onde está escrito: "Você deve deixar a mãe ir e ficar com os filhos". Senhor do Universo, se o Senhor for argumentar que está escrito na Torá "mãe" e não "pai", saiba que aqui já aconteceram todas essas coisas. Porque minha mãe morreu, o Senhor a levou de seus filhos, e agora o Senhor tirou dos filhos meu pai, que nos protegia. Onde está a justiça na Torá?

Rabi Elazar e os amigos caíram em lágrimas ao ver o pesar e o choro do menino.

Uma coluna de fogo afastava os amigos do falecido, enquanto a criança continuava grudada nos lábios do pai, sem se afastar. Rabi Elazar disse:

– Ou o Criador deseja realizar um milagre e ressuscitar o pai desta criança, ou não quer que ninguém mais se aproxime do corpo. O fato é que eu não estou suportando ver o sofrimento desse menino.

Nesse momento, eles ouviram uma voz dos céus, que disse:

– Que mérito você tem, Rav Yossi! As palavras e as lágrimas do seu filhinho subiram ao trono do Criador e cancelaram o decreto. O Criador entregou treze pessoas ao anjo da morte em seu lugar. Vinte e dois anos foram acrescentados à sua vida, para que você tenha tempo de criar seu filho, perfeito e amado, nos caminhos do Criador.

Rabi Elazar e os amigos se levantaram e pediram que todos saíssem da casa. A coluna de fogo desapareceu. Rabi Yossi abriu os olhos, enquanto seu filho continuava pressionando seus lábios nos lábios do pai.

Rabi Elazar exclamou:

– Feliz é nossa porção, porque nós presenciamos a ressurreição dos mortos com nossos próprios olhos!

Os amigos se aproximaram de Rav Yossi, enquanto a criança, totalmente exaurida, caiu num sono profundo.

– Feliz é sua porção, Rav Yossi! Bendito seja o Misericordioso, que por causa do choro e das lágrimas de seu filho realizou um milagre por você. As palavras maravilhosas de seu filho escancararam os portões do céu, e você ganhou tempo de vida por causa das súplicas e lágrimas dele.

Eles pegaram o menino e o beijaram com enorme alegria. Levaram a criança para outra casa e a despertaram do seu sono. Esperaram um pouco até contar ao menino que seu pai tinha voltado à vida. Ficaram três dias comemorando com eles e revelaram, junto com Rabi Yossi, muitos novos segredos da Torá.

Rabi Yossi contou:

– Amigos, eu não tenho permissão de revelar o que vi do outro lado até que se passem doze anos. Mas posso dizer que as lágrimas de meu filho ressoaram diante do Criador e que, quando ele citou a Torá e chorou com seus argumentos, a academia celestial tremeu. Todas as almas se apresentaram diante do Criador e pediram compaixão por mim. Além disso, se ofereceram como meus avalistas, garantindo que eu não pecaria durante o tempo a mais que me foi concedido. O Criador se encheu de compaixão por mim. As palavras de meu filho agradaram ao Criador, assim como a forma como ele entregou sua alma por mim. Um anjo que estava presente ali disse: "Senhor do Universo, está escrito: 'Até do balbuciar das crianças e dos bebês crias força contra Teus detratores, para destruir inimigos e malévolos' (Salmos 8:3). Que seja Sua vontade e que pelo mérito da Torá e pelo mérito dessa criança, que estava disposta a entregar sua alma pela vida do seu pai, o Senhor tenha misericórdia dele, e ele seja salvo. Treze pessoas foram entregues em meu lugar ao anjo da morte para me poupar. A hora delas já tinha chegado. Depois, o Criador instruiu o anjo da morte a meu respeito, dizendo que ele deveria voltar depois de vinte e dois anos. Minha vida foi estendida. E quanto a vocês, amigos, o Criador viu que eram verdadeiramente justos, por isso, o milagre aconteceu diante de vocês.

Enfrentamos problemas na vida, e muitas vezes parece que não há solução. Por mais que nossos problemas pareçam desafiadores, sempre há um caminho. O lado negativo quer nos convencer de que não conseguiremos. Quer nos limitar. Muitas vezes o lado negativo vem na voz de um médico que diz que não existe cura, ou de um advogado ou contador que diz que não há saída. Mas, com a Luz do Criador, tudo é possível. Você precisa acreditar que é possível. Mais que acreditar, precisa saber. Se a pessoa deixa de acreditar, aí passa a ser impossível mesmo, porque nossa consciência determina a realidade. Temos que saber que sempre há esperança, sempre existe um jeito, e nós temos o poder. Sem a Luz, não somos nada. Com a Luz dentro de nós, temos total poder.

Uma criança, em sua pureza, conseguiu trazer o pai de volta da morte. Rabi Yossi de Pekiin ganhou tempo para dar instrução aos filhos. Na verdade, ele mesmo já tinha completado sua missão neste mundo. Mas seu filho ainda precisava ser educado, e quem daria mais amor à criança que o próprio pai? Ajudar no crescimento de outras pessoas é um dos principais motivos para estarmos vivos. Quando você está fazendo diferença na vida de outros seres humanos, tem um bom argumento para se manter neste mundo.

Honi Ha'Meaguel e a *hutzpa* sagrada

utzpa é uma palavra em hebraico de difícil tradução. Pode significar insolência ou audácia. E pode ter uma conotação positiva ou negativa. A conotação negativa, em geral, ocorre quando é dita em tom de indignação, indicando que alguém é insolente. "Que *hutzpa*!", nesse caso, quer dizer "que folga!", demonstrando que a pessoa em questão agiu de forma presunçosa e arrogante. Mas existe uma *hutzpa* positiva, que são a coragem e a força necessárias para fazer algo bom acontecer. A história de Honi Ha'Meaguel, Honi, o desenhista de círculos, é um bom exemplo da *hutzpa* sagrada que faz milagres.

Era inverno, não chovia, e pediram a Honi que rezasse por chuva, porque sabiam que ele era muito conectado. Honi disse: "Tragam para dentro os fornos de Pessach, para que eles não se estraguem". Honi rezou e não choveu. Então ele desenhou um círculo na terra, se postou dentro do círculo e disse: "Senhor do Universo, Seus filhos vieram a mim porque sou como um membro de sua casa. Prometo pelo Seu grande nome que não sairei deste círculo enquanto Você não tiver misericórdia de Seus filhos". Começou a chuviscar. Honi disse que não tinha pedido um chuvisco, mas uma chuva que enchesse poços e cisternas. Começou uma tempestade. Honi disse que queria uma chuva normal, abençoada. Nesse momento começou a chover normalmente.

Uma lição da história vem do fato de que Honi tinha certeza de que sua oração seria atendida, uma vez que logo de início quis proteger as pessoas de uma perda financeira e mandou que guardassem seus fornos que ficavam ao ar livre. A convicção de que de fato temos o poder de controlar nossa realidade é condição básica para que isso aconteça. No entanto, a primeira oração não foi suficiente. As palavras têm poder, mas as ações têm poder ainda maior. Honi desenhou um círculo e estava disposto a ficar ali dentro enquanto fosse necessário. Pedir com palavras é fácil. Quando queremos um milagre, precisamos demonstrar com ações de restrição, além de compartilhar nosso comprometimento e dedicação.

Outra lição vem do fato de Honi não ter pedido um milagre para seu próprio benefício, mas sim pelo povo todo, que ele deixa claro serem os filhos do Criador. Em última instância, Honi estava pedindo ao Criador que beneficiasse a quem criou e ama. Ele estava sendo um canal para os outros e para algo que evidentemente era da vontade do Criador, que deseja o bem de suas criaturas. Pedir algo em benefício próprio não ativa a Luz do Criador. Pedir como um canal para o bem dos outros cria uma afinidade com os mundos superiores e traz milagres.

Alguns sábios consideraram excomungar Honi por ter desonrado o Criador. Shimon ben Shetach, líder do Sanhedrin, argumentou a favor de Honi, dizendo que ele tinha uma relação especial com o Criador: "Se você não fosse Honi, teria sido banido. Você se comporta mal diante do Criador e mesmo assim Ele atende seu pedido – como um filho diante do pai".

O Zohar ensina que, quando uma pessoa se eleva espiritualmente, transformando as características egoístas de sua personalidade em traços positivos, ela alcança um nível chamado "filho de Deus". Honi certamente tinha alcançado esse nível, e como filho podia tratar o pai com a *hutzpa* sagrada que demonstrou ao exigir a chuva e ser atendido três vezes.

Hanina ben Dossa –
ir acima da natureza

Ir acima da natureza significa ter a consciência de que não há diferença entre natureza e milagres.

Em nossa consciência atual, enxergamos duas realidades distintas. A uma delas chamamos de natureza. À outra chamamos de milagres. Consideramos natureza e milagres duas realidades separadas.

A natureza, para nós, é o funcionamento "normal" do mundo: o sol nasce, a Terra gira, a Lua muda de fase, os mares vagueiam, os ventos sopram, as espécies se perpetuam, tudo isso para nós é "normal" e natural. Encaixamos esses fenômenos na categoria de "natureza".

Milagres formam uma realidade acima dos cinco sentidos, acima do "natural", acima do possível. Milagre é quando o impossível se torna possível. O milagre está acima das leis da natureza. As águas se abrem. Milagre. Alguém retorna da morte. Milagre.

No livro de Gênesis, o Criador anunciou a Sara, que já era idosa e tinha sido estéril por toda a vida, que ela iria engravidar. De fato, um ano depois Sara gerou Isaac. Milagre. Uma senhora idosa e estéril engravidar nós consideramos um grande milagre.

Uma moça jovem se casar e engravidar, nós consideramos normal. Natural. Natureza.

Na verdade, tudo é milagre. Um milagre é uma infusão de energia divina no mundo. A natureza *também* é uma infusão de energia divina no mundo. Para que o sol nasça de manhã, é necessária uma infusão de luz divina. Para que uma fruta se desenvolva na árvore, é necessária uma infusão de luz divina. Para que a chama da vela emita a luz e o calor do fogo, certamente é necessária uma infusão de luz divina. Para que uma mãe gere em seu ventre uma criança, é necessária uma infusão de luz divina. Ora, a mesma infusão de luz divina também engravida Sara ou abre o mar. Tudo acontece por infusão de luz divina. Somos nós quem decidimos nos reduzir ao nível da natureza. Nós que optamos por penetrar na zona dos milagres.

O nível da natureza é acompanhado de doenças, acidentes, sofrimento, angústia, medos, decepções, tristezas. O nível dos milagres traz plenitude, bem-estar, satisfação, paz, amor, crescimento, elevação, visão, conexão, união.

Cabe a nós escolher onde queremos estar.

Para alguns, pode soar estranha a ideia de que podemos produzir milagres. Um milagre pode ser definido como um acontecimento maravilhoso acima da natureza, uma rara intervenção divina, algo sem explicação e que está acima de nosso entendimento e da lógica. A maioria de nós vê os milagres dessa forma, e exatamente por isso não vivenciamos milagres todos os dias.

Nossa consciência determina nossa realidade. Nós percebemos os milagres como algo sobrenatural, que "acontece" raramente, vindo de cima, sem nenhuma participação nossa. Determinamos isso em nossa consciência, então passa a ser assim. Os cabalistas ensinam, entretanto, que temos o poder de criar milagres. O universo é nosso espelho. Ele reflete de volta para nós nossas ações e nosso estado de consciência. Em vez de esperar um milagre vir de cima, devemos criar nossos milagres. Como? Se um milagre é algo inesperado e acima da natureza, para criar um milagre temos que ultrapassar nossa própria natureza e ir além. Quando agimos acima do normal, entramos na "zona dos milagres", onde tudo é possível e onde a totalidade da Luz está presente. Por termos agido de forma milagrosa, o universo refletirá de volta algo milagroso. Você cria um milagre no seu comportamento, o universo produz de volta um milagre. Esse milagre não acontece necessariamente de imediato, porque em nosso mundo físico há o tempo entre a ação e sua consequência. Mas certamente o milagre virá.

Rabi Hanina ben Dossa é um cabalista que pode nos ajudar a fazer uma conexão milagrosa. Ele viveu na Galileia, na época do Templo Sagrado, em Jerusalém. Está escrito que o mundo inteiro recebe sustento de Hanina ben Dossa, mas que ele mesmo se alimenta por uma semana com um saco de alfarrobas. Hanina ben Dossa é um canal para milagres e para oração. Tendo vivido uma vida de privação, abriu para nós um canal de prosperidade.

Hanina vivia em total restrição. Não pedia sustento ou conforto para si próprio. Assim, podia abrir o canal para o resto do mundo.

Em uma tarde de sexta-feira, depois da entrada do Shabat, Rabi Hanina ben Dossa viu que sua filha estava triste. Perguntou o que tinha acontecido. A moça tinha preparado apressadamente o copo para acender as velas do Shabat e tinha colocado vinagre em vez de óleo. Estava chateada porque suas velas não ficariam acesas. Hanina ben Dossa ficou surpreso com a filha. Por que a preocupação? A mesma força que faz o óleo arder também pode fazer o vinagre arder. As velas da filha ficaram acesas normalmente até o dia seguinte.

Hanina estava numa consciência acima da natureza, numa consciência de milagres. Vivia nessa consciência elevada o tempo inteiro, por isso, vivia numa realidade de milagres constantes. Vivia em total sincronicidade com a Árvore da Vida.

A dor que a filha de Hanina ben Dossa sentiu ao ver que suas velas não ficariam acesas foi outro fator importante para que esse milagre pudesse acontecer. Outra pessoa poderia não se incomodar tanto com isso, mas a filha do sábio desejava de coração fazer a conexão com a energia espiritual disponível. O desejo da moça criou um receptor para que o pai pudesse realizar o milagre. O pai quer eliminar o sofrimento da filha, ainda mais se o único motivo desse sofrimento é o desejo de revelar a Luz do Criador ao mundo. Se o motivo fosse egoísta, obviamente não haveria espaço para a criação de um milagre.

Certa vez, Hanina estava com uma carga de sal, quando começou a chover. Ele falou: "Senhor do Universo, o mundo inteiro está feliz com esta chuva, menos Hanina, que está incomodado". Imediatamente parou de chover. Chegando em casa, Hanina falou: "Senhor do Universo, o mundo inteiro tem que pagar pelo conforto de Hanina?". A chuva voltou a cair.

Hanina estava num nível de consciência em que chuva e não chuva são dois aspectos da mesma força que permeia tudo. Assim como a força pode criar chuva, ela também pode cessá-la. Tudo isso ao alcance de nossa consciência. Podemos ativar ou desativar chuva quando estamos na consciência elevada da Árvore da Vida.

O filho de Yohanan ben Zakai estava muito doente. O sábio pediu a Hanina, que era seu aluno, que rezasse por ele. Hanina rezou e a criança ficou boa. O sábio expressou sua admiração pelo aluno e declarou que poderia ter rezado o dia inteiro e não teria sido atendido. Sua mulher, surpresa, perguntou: "Hanina é mais elevado que você?". Yohanan ben Zakai respondeu: "Ele é como o empregado de um rei que tem acesso livre o tempo todo ao rei, sem ter que pedir permissão, enquanto eu sou como um lorde diante do rei, que precisa esperar por um momento oportuno".

Raban Gamliel pediu a Hanina que intercedesse em oração por uma criança. Hanina pediu misericórdia pela criança e, ao terminar as orações, assegurou aos mensageiros que a febre já tinha deixado a criança. Eles perguntaram: "Você é um profeta?". Ele respondeu: "Não sou profeta nem sou filho de profeta. Mas a experiência me ensinou que, quando as orações fluem com facilidade de minha boca, eu sei que foram aceitas. Quando fluem de forma travada é porque foram recusadas". De fato, os mensageiros puderam verificar que a criança tinha começado a se curar exatamente na hora da oração de Hanina.

Ele simplesmente tinha acesso total aos milagres. Abriu um canal para a capacidade de criar milagres e de ter nossas orações atendidas com facilidade. Abriu canais do sustento.

Apesar do seu poder de criar milagres, Hanina vivia em extrema pobreza. Ninguém sabia da sua situação de privação, exceto ele e sua mulher. Ela se esforçava para manter a aparência de conforto, para que os vizinhos não se sentissem impelidos a ajudá-los. Não queriam ser um peso para os outros. Não tendo farinha para fazer pão, mesmo assim ela acendia o forno toda sexta-feira de tarde e fazia fumaça sair pela chaminé, para que os vizinhos pensassem que ela estava preparando comida para o Shabat. Uma mulher desconfiou e decidiu descobrir a verdade. Ela entrou na casa de Hanina e abriu o forno. Estava cheio de pães. Um milagre impediu que a verdade fosse conhecida.

A mulher de Hanina convenceu o marido a pedir aos céus um adiantamento de sua porção no futuro. Hanina rezou e uma perna de mesa de ouro apareceu na sua casa. O casal ficou contente, mas naquela noite a mulher sonhou e teve uma visão do mundo superior. Viu justos fazendo uma refeição, sentados a mesas com três pernas, enquanto a mesa do seu marido tinha apenas duas pernas. Ela acordou arrependida do pedido e exigiu que ele rezasse para que o tesouro fosse devolvido. Ele fez o que a mulher pediu e a perna de ouro desapareceu. Sobre esse milagre, o Talmude diz que foi maior que o primeiro, porque o céu dá, mas nunca toma.

Certa vez, Hanina estava frustrado por não poder oferecer uma oferenda ao Templo, como faziam outras pessoas piedosas. Triste, saiu para os arredores da cidade, onde viu uma grande pedra. Prometeu carregá-la até Jerusalém como presente para a cidade sagrada. Ele poliu a pedra e procurou ajuda para transportá-la. Cinco trabalhadores se ofereceram para carregar a pedra a Jerusalém, mas cobraram um preço muito acima do que ele podia pagar. Hanina teve que recusar a oferta. Logo apareceram outros trabalhadores, que cobraram um preço bem mais baixo, mas exigiram que Hanina ajudasse pessoalmente no transporte. Ele concordou. Pegaram a pedra e num instante chegaram a Jerusalém. Quando Hanina se voltou para trás para pagar os trabalhadores, eles tinham desaparecido. Ele consultou o Tribunal dos Sábios para saber o que fazer a respeito do pagamento. Os sábios ouviram seu relato e concluíram que os trabalhadores eram anjos, e não seres humanos, e que Hanina poderia usar o dinheiro do jeito que quisesse. Ele então decidiu dar o dinheiro como donativo ao Templo.

Sempre que alguém revela muita Luz, existe alguma oposição. Uma mulher odiava Hanina ben Dossa e queria lhe causar mal usando poderes de magia negra. Para fazer seu trabalho, ela precisava de um punhado de terra de debaixo da cadeira da pessoa a quem pretendia prejudicar. Naqueles tempos, a magia negra tinha muito poder e realmente podia causar grande dano. Hanina ben Dossa viu a mulher rodeando sua casa para tentar pegar o ingrediente de que precisava. Sem medo nenhum, disse a ela:

– Venha, pegue o que você quiser. Nada que você faça pode me fazer mal, porque nada mais existe além da Luz do Criador.

Existe somente uma fonte de poder – a Força da Luz do Criador. Quando temos consciência completa disso, a Luz do Criador está ao nosso redor o tempo todo, e nada de mal pode acontecer. Aconteça o que acontecer, façam o que fizerem com você, saiba que é a Luz do Criador, não há nada mais além. Se você realmente souber disso, sentir isso, estará totalmente protegido sempre. Lembre-se disso, o tempo todo você está interagindo com a Luz do Criador. Nada mais existe.

A vida de Hanina era uma sucessão de milagres. Nossa vida também pode ser assim. Quando entramos na realidade dos milagres, passamos a estar em sincronia com as engrenagens do universo. Quando fazemos nossa parte com entusiasmo e alegria, o universo nos devolve muito mais.

Com ajuda da grande alma de Rabi Hanina ben Dossa, podemos ativar nossa própria consciência de milagres, fortalecer o interno, nos desapegar do externo e, assim, obter imortalidade.

Propósito dos milagres

Os cabalistas ensinam que, na época da história em que estamos, à medida que nos aproximamos do fim do processo de correção da humanidade, precisamos ver mais milagres. Para isso, precisamos compreender o verdadeiro propósito dos milagres.

Quem deseja criar um milagre precisa saber que o verdadeiro objetivo não é o milagre em si. Por exemplo, imagine que uma pessoa está enferma e precisa de um milagre para se curar. Se a questão fosse simplesmente curar a pessoa, teria sido mais fácil nem ter permitido que ela ficasse doente. Querer diminuir a dor da pessoa necessitada é um desejo digno, mas limita nossa capacidade de obter milagres.

O objetivo do milagre é aumentar a certeza na Luz do Criador, fortalecer a fé das pessoas.

Quando o milagre acontece, isso aumenta a conexão com a Luz do Criador da pessoa que recebeu o milagre, da própria pessoa que produziu o milagre e das pessoas ao redor que ficam sabendo. Por isso, quando um milagre acontece, é importante divulgá-lo para o máximo possível de pessoas, fazendo com que todas elas fortaleçam sua convicção na Luz do Criador e em nossa capacidade de revelar a Luz ao mundo.

Sabendo disso, podemos ter acesso à energia de milagres. Que possamos ver milagres acontecendo ao nosso redor o tempo todo e alcançar a paz na terra e a felicidade ilimitada.

Moisés, nosso mestre

Os escritos cabalísticos se referem a Moisés como *Moshe Rabeinu*, Moisés, nosso mestre. Moisés é a maior alma que já existiu. Ele sozinho equivale a todas as outras almas. Essa alma foi escolhida desde a criação do mundo para uma função muito especial: revelar no plano físico os ensinamentos verdadeiros do mundo espiritual.

Ao relatar o nascimento de Moisés, está escrito na Torá que viram "que ele era bom". De acordo com a Kabbalah, "bom", nesse caso, é um código que indica que a alma de Moisés vem de *Or Ha'Ganuz*, a Luz Oculta.

Durante as 36 primeiras horas da Criação, um nível poderoso de energia foi revelado. O Criador viu que o mundo não suportava tanta Luz e a ocultou. Por isso ela se chama Luz Oculta. A alma de Moisés vem desse lugar. Na prática, estar conectado com a Luz Oculta significa ver que a Luz do Criador está por trás de tudo. Em vez de enxergar a fisicalidade, passamos a ver a Luz que está por trás. O Zohar vem do mesmo endereço cósmico, e o estudo do Zohar revela Luz Oculta.

Em termos simples, todas as vezes que sofremos alguma carência ou falta é por não estarmos conectados com a Luz Oculta. Essa conexão pode ser desenvolvida por meio do exercício de ver a Luz do Criador em tudo. Quando você olha para uma criança sorrindo, em vez de ver somente o aspecto físico da criança, na sua consciência você deve ver que ela é uma extensão da Luz do Criador. Quando uma coisa incômoda acontece, quando você é maltratado por alguém, em vez de se colocar na posição de vítima, entenda que aquilo está vindo da Luz do Criador. Como a Luz do Criador, por definição, representa o Bem Absoluto, o que está acontecendo é para o bem. Quanto mais você se esforça para ver a Luz do Criador em tudo, mais se conecta com a Luz Oculta e mais plenitude traz para sua vida.

No Monte Sinai, Moisés recebeu a Torá. Nesse poderoso evento cósmico, pela primeira vez a Luz do Criador se revelou para um povo inteiro. Seiscentas mil pessoas presenciaram, sem o menor espaço para a dúvida, a presença divina. Moisés foi o protagonista dessa história.

O Criador ditou para Moisés a Torá, os ensinamentos divinos que devem servir como um manual de instruções para a vida e para o universo. Acontece que a Torá é um código. O Zohar afirma que as histórias contidas na Torá são apenas a vestimenta para o ensinamento espiritual que está por trás. Assim como o corpo é uma vestimenta para a alma, que a encobre, mas ao mesmo tempo permite que ela se revele, as histórias da Torá são uma vestimenta para a alma da Torá, que é a energia espiritual que está por trás das histórias.

Não se deve julgar um livro pela capa. Não se deve julgar uma pessoa pela aparência. Da mesma maneira, não se deve ler a Bíblia como um livro de histórias ou como um registro histórico de acontecimentos do passado. A Torá é o projeto cósmico do universo. Uma construção começa com um projeto. Com base no projeto, o construtor começa a construir. Ninguém sai colocando tijolos de acordo com o que vem à cabeça e tenta construir uma casa sem um projeto. Semelhantemente, o universo também começou com o projeto. Esse projeto é a Torá. Acontece que isso não transparece numa leitura literal da Torá, os cinco primeiros livros da Bíblia, escritos por Moisés.

Junto com a Torá escrita, Moisés recebeu no Monte Sinai também a Torá oral. Essa parte do ensinamento, que, como diz o nome, era transmitida oralmente, explica aquilo que a Torá escrita apenas delineia. A parte mais profunda da Torá oral é a Kabbalah. A Kabbalah é a alma da Torá. Ela explica os ensinamentos espirituais e os porquês. Elucida a estrutura do universo e o propósito da vida. A Kabbalah oferece um guia prático de como viver de forma a eliminar o caos e o sofrimento da existência. Quando uma pessoa vive num estilo de vida cabalístico, ela obtém cada vez mais plenitude e conexão com a Luz do Criador. Todos nós temos um potencial muito maior do que o que estamos manifestando neste exato momento. Precisamos de uma ponte para fazer a conexão entre nossa consciência diária e o poder transformador da nossa alma. O Zohar e a Kabbalah fazem essa ponte.

Existe uma parte nossa, a alma, que está oculta por trás da vestimenta do corpo e das barreiras do ego. É nossa parte verdadeiramente iluminada e eterna. A ela devemos dedicar nossas prioridades, e não ao aspecto ilusório e transitório da existência no plano físico. O plano físico é uma mera passagem, uma universidade onde estamos aprendendo a evoluir. O fato é que a Bíblia não foi suficiente para levar a humanidade à transformação positiva, que é o objetivo da vida. Os ensinamentos estão demasiadamente ocultos em histórias, e muitas interpretações das escrituras são erradas ou incompletas. A parte oral do ensinamento precisava ser transmitida por escrito, dando acesso a mais pessoas às suas instruções.

Moisés ainda tinha trabalho a fazer. A mesma alma responsável pela revelação da Torá teve que retornar ao mundo físico para revelar o Zohar. Moisés não voltou para fazer sua própria correção, porque ele já estava corrigido. Ele voltou para continuar a revelação da sabedoria divina na terra. Rabi Shimon bar Yochai é uma faísca da alma de Moisés.

No Zohar, escrito por Rabi Shimon, existem várias passagens chamadas *Reia Mehemna,* o Pastor Fiel. O Pastor Fiel é Moisés. Ele vem explicar a Rabi Shimon passagens mais difíceis das escrituras.

Se Rabi Shimon é a reencarnação de Moisés, como Moisés pode vir ensinar a ele? É por isso que os cabalistas usam a expressão "faísca" ou "centelha". A alma tem diferentes níveis. O Zohar chama esses níveis de *Nefesh, Ruach* e *Neshamá.* Podemos visualizar os três níveis da alma como uma matriosca, aquelas bonecas russas. Dentro da boneca maior encontramos outra boneca. E dentro desta, mais uma. *Nefesh* é o nível mais baixo ou mais externo da alma. Está ligado aos instintos básicos de sobrevivência e às necessidades do corpo. *Ruach* é o nível intermediário, e *Neshamá* é o nível mais elevado, totalmente ligado à Luz do Criador. Uma alma pode se dividir em diferentes faíscas. Quer dizer, uma faísca da alma de Moisés pode retornar como Rabi Shimon bar Yochai, enquanto o resto da alma continua na dimensão superior do mundo espiritual.

O conceito das faíscas divinas nos ajuda a entender como pode haver um aumento demográfico se as almas retornam em reencarnação. Se as mesmas almas estão sempre reencarnando, e algumas completam sua correção e não precisam mais voltar, a população deveria se manter constante ou diminuir, nunca aumentar. O aumento do número de almas encarnadas se deve ao fato de que uma mesma alma se subdivide em várias faíscas. Quer dizer, uma pessoa A viveu e morreu numa determinada geração. Na geração seguinte, podemos ter A1, A2 e A3, que são a reencarnação de diferentes faíscas de A. As três pessoas derivam da mesma alma raiz e trouxeram para sua vida atual diferentes aspectos da correção de A.

Rabi Shimon, como Moisés, é a incorporação dos ensinamentos divinos. Ele voltou para revelar o Zohar, a alma da Torá, e completar aquilo que tinha ficado faltando. A alma dele vem do mesmo endereço cósmico de onde vem a própria Torá. Em sua encarnação como Rabi Shimon, ele revelou o Zohar e a Kabbalah, passando para a forma escrita o que antes só era ensinado oralmente a uns poucos sábios.

Quando o Zohar foi originalmente revelado, há cerca de dois mil anos, a humanidade ainda não estava preparada para seus ensinamentos.

Os cabalistas ensinam que, quando uma pessoa dá um presente para outra no mundo físico, a doação do presente e o seu recebimento se dão simultaneamente. Você dá o presente, a outra pessoa recebe, assunto encerrado. No mundo espiritual é diferente. O Criador pode ter nos dado um presente, a Torá – a Luz que elimina a escuridão. Mas ainda é necessário todo um processo para que haja o recebimento. Rabi Akiva ensinou que o centro de toda a Torá é "amar ao próximo como a si mesmo". Temos conhecimento disso, mas é evidente que a humanidade ainda não age numa consciência de amor ao próximo. Ainda predomina o egoísmo e a fragmentação. Por isso a Luz ainda não chegou a nós em sua totalidade.

O Zohar foi dado há cerca de dois mil anos, mas só agora estamos começando a receber sua dádiva. Antes do recebimento, a alma encarregada dessas revelações ainda teve que retornar mais uma vez. No século XVI viveu Rav Isaac Luria, conhecido como o Ari. Rav Isaac Luria é uma faísca da alma de Rabi Shimon bar Yochai. Toda a Kabbalah que estudamos hoje em dia é chamada de Kabbalah Luriânica. Antes de Rav Isaac Luria, havia vários sistemas de estudo da Kabbalah, cujos ensinamentos são complementares e verídicos. Mas o sistema revelado pelo Ari predominou, e os grandes sábios da sua geração e das gerações posteriores determinaram que o sistema luriânico de estudo da Kabbalah deveria prevalecer na era messiânica em que vivemos.

Rav Isaac Luria, o Ari – o Leão de Safed

Um homem revolucionou a Kabbalah no século XVI. Rav Isaac Luria, o Ari, também chamado de Leão Sagrado, era uma faísca da alma de Rabi Shimon bar Yochai. Voltou para completar a revelação dos segredos internos da Torá. O Ari atingiu um nível espiritual tão elevado que praticamente parece ser de uma espécie diferente daquela a que pertence o resto da humanidade. Para ele não havia nenhuma separação entre o plano físico e o espiritual. Ele conseguia conversar com anjos e com almas elevadas que já tinham partido deste mundo, de quem recebia ensinamentos. Sabia a língua dos animais, sabia falar com as aves, conseguia se comunicar até com a chama das velas. Ele conseguia saber todas as reencarnações de uma pessoa simplesmente olhando para sua testa. Dizia à pessoa exatamente o que ela precisava fazer para corrigir sua alma. Ele sabia os pensamentos que uma pessoa teria antes mesmo de o pensamento chegar à mente dela. As maravilhas feitas pelo Ari não eram vistas neste mundo desde a época de Shimon bar Yochai, mil e quinhentos anos antes. A elevação alcançada por Rabi Isaac Luria o levou a ser chamado, ainda em vida, de "Divino Rabi Isaac", algo inaudito no meio cabalístico. Ninguém mais recebeu a alcunha de "divino". Do acrônimo de *Elokai Rabi Itzchak* – "Divino Rabi Isaac" – é que vem o apelido Ari.

Nascido em Jerusalém, em 1534, diz-se que o profeta Elias presenciou a cerimônia da sua circuncisão.

Seu pai, Rabi Shlomo Lura, estava um dia estudando sozinho quando o Profeta Elias apareceu e disse:

– O Criador me enviou a você para lhe avisar que sua esposa conceberá um filho a quem você deverá chamar de Isaac. Ele libertará a todos das *klipot* (forças negativas). Por meio dele, muitas almas chegarão ao seu *tikun* (correção). Ele está destinado a revelar mistérios da Torá e do Zohar. Eu mesmo virei para sua circuncisão, por isso, tome cuidado para não começar sem a minha presença.

Rabi Shlomo não revelou para ninguém o ocorrido. Quando o Ari nasceu, a casa ficou cheia de luz. No oitavo dia, era o dia da circuncisão. O pai procurou pelo Profeta Elias, mas não conseguiu encontrá-lo. Todos insistiam para que a cerimônia fosse realizada logo, mas ele argumentava que nem todos os convidados tinham chegado. Mais uma hora se passou, e Elias não veio. Rabi Shlomo começou a chorar, pensando em seu íntimo que suas ações negativas deviam ter impedido a vinda do Profeta.

Nesse ponto, Elias apareceu somente para ele e disse:

– Não chore, servo do Criador. Ofereça seu filho com pureza aos Céus. Sente-se na cadeira e eu me sentarei em cima de você.

Invisível para todos os presentes, com exceção de Rabi Shlomo, Elias segurou a criança nos braços durante a circuncisão. Todos os presentes viam somente o pai com o filho nos braços, mas o pai sabia da verdade. Antes de partir, Elias prometeu a Rabi Shlomo que o menino revelaria grande Luz para o mundo todo.

Quando o Ari ainda era criança, o pai faleceu. Em 1541 sua mãe o levou para o Egito, onde morava um tio rico, que poderia sustentá-los da melhor forma possível. O jovem Isaac Luria estudou com os maiores sábios da época. Quando tinha 17 anos, chegou a suas mãos uma cópia do Zohar. Passou a se isolar do mundo, chegando a passar a semana inteira numa cabana à beira do Nilo estudando e meditando, só retornando à sua casa e à sua família no Shabat. Quando não conseguia entender uma passagem do Zohar, Isaac Luria era capaz de ficar até três dias em jejum, até que seu sentido oculto lhe fosse revelado. Atingiu um nível de grandeza em que passou a merecer a visita do Profeta Elias. No ano de 1570, o Ari recebeu uma mensagem do Profeta Elias dizendo que ele devia se mudar de imediato para a cidade de Safed, em Israel, onde transmitiria os ensinamentos da Kabbalah para Rabi Chaim Vital.

Na época da Inquisição, muitos sábios cabalistas foram morar na cidade mística de Safed, no topo de uma montanha na Galileia. Rabi Moshe Cordovero era o sábio mais renomado da época.

Chegando a Safed, o Ari decidiu permanecer anônimo, trabalhando como comerciante, sem revelar sua sabedoria.

Pouco depois da sua chegada, Rabi Moshe Cordovero faleceu. Antes de seu falecimento, quando perguntado por seus discípulos sobre quem seria seu sucessor, o mestre revelou que seria aquele que visse uma coluna de fogo perto do seu caixão. Durante o enterro, o Ari comentou que tinha uma coluna de fogo indicando onde Rabi Moshe Cordovero desejava ser sepultado. Como foi o único a ver a coluna de fogo, foi reconhecido como o novo líder dos estudiosos. Um grupo de eruditos passou a segui-lo, mas seu objetivo era ensinar unicamente a Rabi Chaim Vital. O Ari chegou a dizer a Chaim Vital que o único motivo de sua alma ter vindo ao mundo era o de ensinar a ele, e que preferia não ter outros alunos. Chaim Vital, por sua vez, não conseguia entender por que o Ari queria ensinar somente a ele. Ainda sem entender o papel fundamental que ele próprio teria na disseminação dos ensinamentos do Ari, Chaim Vital considerava que outros estudiosos da cidade eram maiores em sabedoria e que mereciam mais que ele ter acesso ao conhecimento.

Certa vez, perguntaram ao Ari o que fazia dele uma pessoa tão especial, a ponto de receber ensinamentos que nenhum dos outros grandes sábios de Safed conseguia alcançar. Ele respondeu que seu segredo era viver sempre com alegria.

Inicialmente, Chaim Vital não se sentiu atraído pelo Ari. Como já era um cabalista renomado, achou que seus conhecimentos eram maiores que os do recém-chegado. Recebeu uma mensagem em sonho de que deveria aprender com o Ari, que na época era dono de um mercado. Recusou-se a ir, e teve de novo o mesmo sonho. Se quisesse aprender os segredos do Zohar, teria que ir ao Ari. Na terceira noite seguida em que o sonho se repetiu, foi até a porta da loja. Viu o Ari contando o estoque e hesitou, mas deu um passo e entrou. Nesse momento, mesmo estando de costas para a porta, o

Ari o chamou pelo nome e respondeu a uma questão que ele tinha tido em seu estudo mais recente. Chaim Vital se rendeu e foi estudar com o Ari. Após uma noite inteira em que o Ari revelou grandes segredos, Chaim Vital ficou boquiaberto. Nunca tinha imaginado que poderia existir tanta sabedoria. O Ari sabia que sua missão de vida era ensinar a Chaim Vital tudo que sabia. Mesmo assim, nesse ponto disse a ele que não iria lhe ensinar mais nada, porque ele não tinha o merecimento. Chaim Vital passou alguns dias chorando, jejuando e implorando aos céus para ser aceito como aluno pelo Ari. Em seu encontro seguinte, o Ari disse que o aceitava como aluno. Desse ponto em diante eles se tornaram inseparáveis, e o Ari passou os dois anos seguintes ensinando oralmente tudo que sabia a Chaim Vital. Foram dois anos de estudos intensos, em que os dois homens interagiram num nível profundo para deixar ao mundo o legado da Kabbalah Luriânica.

O Ari faleceu aos 38 anos, no dia 5 de Av de 5332 ou 1572. Escreveu do próprio punho apenas três músicas cabalísticas, para serem cantadas nas três refeições do Shabat. Chaim Vital e seu filho, Shmuel Vital, ficaram com a tarefa de transcrever seus ensinamentos. Os "Escritos do Ari", compostos por oito portões, foram escritos por esses dois sábios depois do seu falecimento. Entre as obras do Ari está a "Árvore da Vida", que explica o sistema luriânico da Kabbalah, interpretando os ensinamentos do Zohar.

No livro "Portão da Reencarnação", Rav Isaac Luria explica como funciona o sistema da transmigração das almas em novos corpos para continuar seu processo de correção. Revela inclusive o processo de reencarnação das grandes almas bíblicas. Na terminologia cabalística, o processo de reencarnação é chamado de *guilgul neshamot*, a roda das almas.

O Ari ensina que Adão, o homem primordial, era a alma original, que incluía todas as almas. A alma de Adão começou a se dividir em faíscas. Seus filhos, Caim e Abel, são as raízes de todas as almas. Caim nasceu com uma irmã gêmea que era sua alma gêmea. Abel nasceu com duas irmãs gêmeas que eram suas almas gêmeas. Caim sentiu inveja do irmão por causa da parceira adicional que ele tinha e, por isso, o matou. Muitas gerações depois, Moisés é a reencarnação de

Abel, e seu sogro Jetró é uma faísca da alma de Caim. Jetró deu sua filha Tzipora a Moisés em casamento. Tzipora era a reencarnação da irmã adicional que Caim tinha roubado de Abel e que tinha sido a causa do seu assassinato. Nesse momento, Jetró corrigiu o crime que tinha cometido como Caim.

O Ari revela que, dependendo do tipo de erro cometido por uma pessoa, ela pode reencarnar em níveis inferiores, como um animal, um vegetal, ou até mesmo um ser inanimado, para corrigir as imperfeições que criou e aprender as lições que precisa aprender. Chaim Vital conta que, passeando com o Ari pelos arredores de Safed, de vez em quando o Ari dizia que a pessoa que estava enterrada em determinado local tinha reencarnado como uma pedra ou como uma planta, por causa do que tinha feito. Ele descrevia o que a pessoa tinha feito e dizia seu nome. Depois, discretamente, Chaim Vital e os outros discípulos iam checar com os habitantes mais velhos da cidade se realmente tal pessoa existia, e a história sempre coincidia com o que o Ari tinha dito.

A teoria luriânica da Criação explica que inicialmente havia um único receptor criado para receber a Luz divina. Esse receptor se estilhaçou, dando espaço para a criação do nosso mundo. Faíscas divinas caíram no plano físico, e o papel do homem é elevar essas faíscas, libertando-as das cascas de negatividade e devolvendo-as à santidade. Esse processo é chamado de *Tikun* ou correção. Quando um número suficiente de faíscas tiver sido elevado, acontecerá a redenção final, quando caos, dor e sofrimento serão eliminados da existência e alcançaremos a imortalidade.

Pela visão da Kabbalah, o ser humano é o centro do universo, e tudo que acontece depende dele. Até os desastres ditos naturais e as epidemias são consequência do comportamento negativo do homem. A redenção final, isto é, o momento em que o mundo alcançará a perfeição para a qual foi criado, também depende da atividade positiva humana.

Conta-se que certa vez o Ari foi passar um Shabat no campo com um grupo de discípulos. Disse a eles que, se conseguissem permanecer em total união durante aquele Shabat, a redenção final viria. Tudo estava indo bem até o final do Shabat, quando duas crianças, filhos de dois dos discípulos, começaram uma discussão. As mães acabaram intercedendo, cada uma defendendo seu filho. A discussão se acalorou e os pais acabaram participando. O Ari informou aos alunos que por causa daquela discussão a redenção tinha sido adiada.

O Ari revelou meditações profundas para as orações, incluindo os nomes dos anjos responsáveis pela energia de cada dia da semana e ferramentas para saúde e cura.

Uma das principais ferramentas é o *mikve*. Um *mikve* é um banho ritual de imersão em água. A água precisa ter um volume mínimo e deve ser em parte natural, recolhida de água da chuva ou de outra fonte natural. O *mikve* do Ari em Safed é até hoje visitado por pessoas do mundo inteiro que querem mergulhar nas mesmas águas utilizadas pelo Ari. Diz-se que quem faz a imersão no *mikve* do Ari tem a garantia de se conectar com a Luz do Criador nesta vida.

Certa vez, o grande cabalista Rav Isaac Luria foi procurado por um grande pecador. Era promíscuo, desonesto, negativo de todas as maneiras imagináveis. Mas o homem percebeu o erro em sua conduta e queria sinceramente mudar. O Ari disse a ele que a única forma de purificar toda a sua negatividade seria aceitar a morte, bebendo chumbo fervente.

O homem pediu para pensar por uma noite. No dia seguinte, aceitou a ideia do mestre e pediu ajuda para realizá-la. O Ari preparou tudo, colocou o homem numa cama, amarrou-o, vendou seus olhos e colocou um funil em sua boca. Disse para ele focar seus pensamentos no Criador e pedir perdão por seus erros. Mandou o homem abrir a boca. Assim que ele o fez, o Ari jogou mel na sua boca. O sábio disse ao homem que, por ele estar disposto a dar sua vida para se conectar com a Luz, não teria que fazê-lo. Bastava a disposição.

O Ari esclareceu o Zohar. O Zohar aparentemente não tem ordem. É escrito na forma de um diálogo entre estudiosos, que vão mudando de assunto por associação de ideias. Mesmo com um estudo cuidadoso, fica difícil ver um sistema lógico. O Ari criou um sistema organizado, que na verdade só ficou totalmente claro no século XX, com as explicações do Rav Yehuda Ashlag, que demonstrou que os ensinamentos do Zohar e do Ari estão totalmente alinhados um com o outro.

Certa vez, no dia de *Lag Ba'Omer*, em que se comemora o falecimento de Rabi Shimon bar Yochai, o Ari foi à caverna da *Idra Raba* com Chaim Vital. O Ari se sentou numa pedra na caverna, e Chaim Vital naturalmente se sentou em outra pedra bem à sua frente. O Ari revelou que estava sentado exatamente no lugar em que mil e quinhentos anos antes Rabi Shimon tinha se sentado durante a *Idra*, e que Chaim Vital estava sentado onde Rabi Aba tinha se sentado. Assim, o Ari deu uma indicação de que ele mesmo era uma faísca de Rabi Shimon e que Chaim Vital era uma faísca de Rabi Aba, o escriba que escreveu o Zohar.

Entre os tópicos abordados nos Escritos do Ari está a reencarnação, o estudo da Árvore da Vida ou Dez Sefirot, o que aconteceu antes do Big Bang, todo o processo evolutivo do universo, as meditações das orações. Ele criou um sistema de orações chamado de 13º portão, que serve para todos.

A sabedoria cabalística lida com ensinamentos universais. Tudo que nós, seres humanos, fazemos tem poder, gera repercussões e faz a diferença no processo de correção da humanidade. A humanidade é uma máquina gigantesca, em que cada pessoa é uma peça da máquina, e o propósito é elevar as faíscas de Luz para restaurar a Criação ao seu estado original de perfeição. Em suma, o Ari desenvolveu um sistema sofisticado de conhecimento, que inclui todas as outras áreas do saber, como física, química e biologia.

Um aluno disse ao Ari que tinha feito um forte trabalho espiritual. Ele sentia que estava próximo de completar a correção da sua alma. Perguntou ao Ari o que faltava. O Ari respondeu que só o que podia fazer era dar uma dica: ele tinha que corrigir um tipo de roubo. O homem precisava descobrir onde tinha se envolvido com roubo e corrigir a questão. O aluno foi para casa refletir. Era proprietário de uma fábrica que tecia lã e sempre tinha se preocupado em ser totalmente honesto. Resolveu chamar todos os funcionários da fábrica e pediu que formassem uma fila. Colocou em cima da mesa uma boa quantia de dinheiro e disse:

– Sinto que alguém aqui não está feliz com o salário que pago. Por favor, se alguém estiver insatisfeito, imploro que venha aqui e pegue quanto acha que merece.

Mestres da Kabbalah

Ninguém teve coragem de se mexer. O homem insistiu. Depois de alguns minutos de silêncio, uma funcionária deu um passo à frente e pegou algum dinheiro.

O homem voltou ao Ari, e este disse que ele tinha se corrigido. A mulher era muito mais eficiente que os outros funcionários e ganhava o mesmo que eles, mesmo produzindo bem mais. Isso era considerado um tipo de roubo, porque, como ela gerava mais lucro, na verdade, ela merecia mais. Ao pagar o que era justo para sua funcionária, o homem completou sua correção.

Aprendemos dessa história que, para que algo seja seu de verdade, você precisa pagar o que aquilo realmente vale.

O próprio Ari levava a sério esse ensinamento. Durante as orações na festa de Sukot utiliza-se uma fruta chamada *Etrog* ou cidra. Quando ia comprar o seu *Etrog*, o Ari escolhia a fruta que queria, deixava a carteira aberta em cima da mesa e pedia ao dono da loja que pegasse a quantia que achasse justa.

Em certa ocasião, um homem consultou o Ari para saber se deveria casar com uma mulher de outra cidade, a quem não conhecia. Naquela época eram comuns casamentos arranjados dessa maneira, e o homem queria saber se ela era a pessoa certa para ele. O Ari falou que ele deveria se casar, mas que em pouco tempo ele voltaria e que, quando isso acontecesse, devia procurá-lo. O homem foi para a outra cidade e de fato retornou depois de alguns meses. O Ari quis saber o que tinha acontecido. O homem ainda estava chocado. Tinha se casado com uma mulher linda e o casamento tinha sido ótimo por seis meses, até que subitamente ela faleceu. Ele ficou sem nada e quis ir embora para sua cidade de origem. A regra ditava que o dinheiro da mulher deveria ficar para o marido. Contudo, o pai dela havia dito que ele não poderia levar nada além de uma quantia mínima para recomeçar.

– Devo processar o pai dela? – o homem quis saber.

O Ari respondeu que ele não deveria fazer nada e explicou:

– Na vida passada, você e sua mulher tinham sido sócios. Você sofreu por causa dela. Ela era desonesta e o enganou, e ainda levou o caso à justiça. Além do sofrimento, você teve uma perda financeira. Como compensação, vocês voltaram a ficar juntos, e por causa dos seis meses que você sofreu no tribunal vocês ficaram casados. O dinheiro que o pai dela lhe deu é exatamente o que era merecido. Você deve seguir em frente.

Essa história demonstra a capacidade que o Ari tinha de ver com os olhos da alma, com o chamado sexto sentido. Muitas vezes na vida ficamos sem compreender certos acontecimentos que aparentemente são injustos ou não fazem o menor sentido. Parece que alguma coisa está errada. Na verdade, não há nada errado. Existe um sistema que governa o mundo com total justiça. A única limitação está em nossos cinco sentidos, que não conseguem ver a totalidade do que está acontecendo. Grandes cabalistas como o Ari demonstram para nós que o ser humano tem a capacidade de desenvolver uma percepção mais abrangente ao alcançar estados mais elevados de consciência.

Um jovem estudioso morava em Safed e tinha potencial para grandeza. Todos os sábios da cidade tinham sido convidados e estavam reunidos na festa do seu casamento. Depois da cerimônia, durante o jantar festivo, de repente o noivo se engasgou com um osso de galinha, ficou sufocado e morreu na hora. Todos ficaram horrorizados com a tragédia, mas perceberam que o Ari estava sorrindo. O que teria acontecido? O Ari explicou:

– Há muito tempo vivia aqui em Safed um grande sábio, que morreu há décadas. Ele tinha feito sua correção num ótimo nível, por isso, o tribunal celestial estava preparando um lugar para ele no mundo superior, quando uma alma protestou. Aquela alma tinha cometido muitos erros, por isso, tinha encarnado numa pedra, de onde se elevou para o trigo. Depois passou para uma galinha em Safed, que foi abatida antes de um Shabat com as meditações certas. Estava tudo certo para essa galinha ser comida no Shabat, e com isso aquela alma retornaria à forma humana. No entanto, houve uma suspeita de que o abate talvez não tivesse sido feito adequadamente. A mulher que tinha comprado a galinha pediu ao sábio que verificasse se ela era *kasher* (adequada para o consumo de acordo com as leis dietéticas da Torá). Era uma sexta-feira e o sábio estava com pressa, porque estava se preparando para o Shabat. Não tinha tempo para examinar o animal, por isso, decidiu jogar a galinha no lixo e dar outra ave para a mulher. A ave dispensada era *kasher*, estava em Safed e tinha a oportunidade de finalmente voltar a encarnar como ser humano. O descaso do sábio tinha custado àquela alma uma oportunidade de se corrigir. Ele tinha uma dívida com ela. Por isso, teve que voltar como um estudioso. Um homem solteiro é considerado incompleto. Ao se casar, ele se tornou completo. Comeu a galinha que carregava aquela alma e, com a energia positiva gerada no casamento, a alma que estava dentro da galinha se elevou para a forma humana. Nesse momento as duas almas completaram sua correção, e ele deixou o mundo.

Tudo se esclarece quando se conhece a totalidade da figura. O que parece ser um momento de tristeza se revela uma ocasião feliz, em que duas almas cumpriram sua missão.

Quebrando a ilusão da morte

Temos dificuldade para lidar com a morte. Caímos na ilusão de que o mundo físico é a única realidade que existe. O estudo da Kabbalah nos ajuda a ter consciência da transitoriedade da existência do plano físico e da eternidade do plano espiritual.

Em geral, temos medo do desconhecido. Quando o desconhecido passa a ser conhecido, uma luz é jogada em cima da escuridão e o medo desaparece. Entendendo que a morte é uma ilusão e que a verdadeira existência é a existência eterna da alma, podemos viver no plano físico já conectados com a dimensão espiritual. Quando uma pessoa vive neste mundo uma vida de transformação espiritual, ao deixar o plano físico ela vai para um lugar iluminado e prazeroso. Existe uma realidade maior, em que não faz sentido ter medo da morte. Devemos ter medo é de não ter feito ou de não estar fazendo o suficiente em vida para merecer a conexão total com a Luz.

Uma seção do Zohar nos ajuda a entender isso com a história de um rei que teve um filho e o enviou para ser criado num vilarejo, onde aprenderia o comportamento adequado no palácio real. Quando o filho cresceu, por amor a ele, o rei mandou que a rainha fosse buscá-lo. A mãe levou o filho de volta ao palácio, onde toda a família passou a viver feliz.

O Criador tem um filho, que é a alma. Ele enviou a alma ao vilarejo, o mundo físico, para ser educada e aprender as regras do palácio real. O que fez o rei ao ver que o filho estava crescido e que era hora de voltar ao palácio? Mandou a *Shechiná*, o aspecto feminino da Luz do Criador, trazê-lo de volta ao palácio. A alma volta para seu lar, onde vive para sempre.

Acontece que os habitantes do vilarejo começam a chorar quando o filho do rei parte. Até que um sábio entre eles diz:

– Por que vocês estão chorando? Ele não é filho do rei? É correto que ele deixe de habitar em nosso vilarejo e vá morar no palácio do pai.

O Zohar conclui: "Venha e veja, se todos os justos soubessem disso, eles ficariam felizes quando chegasse o dia de deixar o mundo. Por acaso não é uma grande honra que a *Shechiná* venha buscá-los e os acompanhe até o palácio do rei, e que o rei viva feliz com eles todos os dias? Porque o Criador tem alegria somente com as almas dos justos".

A mudança de perspectiva sugerida pelo Zohar nos faz entender que a morte não é um fim, e sim uma continuidade no processo eterno da alma.

O Zohar e a origem do mal

Se existe um Criador Todo-Poderoso e bondoso por trás de tudo, por que existe o mal? Qual é a função do mal na Criação? O Zohar responde que por trás do caos e das dificuldades da vida está uma força que foi criada pelo Criador para nos desafiar. Ao superar os desafios que esse Oponente nos apresenta, nós nos conectamos com a Luz do Criador, fonte de toda a plenitude, pelo nosso próprio mérito e esforço. Esse Oponente nos provê o livre-arbítrio e nos permite crescer e fazer nossa correção. Sem o Oponente, estaríamos recebendo a Luz de graça, sem merecimento. Isso acarretaria o que os cabalistas chamam de "Pão da Vergonha". Esse Oponente tem vários nomes nos livros da Kabbalah: Satan, *Sitra Achra* ou Outro Lado, *Yetzer Ha-Rá* ou inclinação para o mal, Lado Negativo.

O Pão da Vergonha é uma sensação desagradável de não ter merecido as bênçãos recebidas. Quando uma pessoa recebe alguma coisa sem ter trabalhado para isso, não cria um receptor verdadeiro e a bênção não é permanente. Nossa alma quis descer ao plano físico exatamente para merecer a Luz e eliminar o Pão da Vergonha. Para tornar isso possível, é necessária a existência do Oponente, a força que nos tenta e que cria desafios. A existência do Oponente tem um objetivo positivo.

O Zohar explica tudo isso por meio da parábola de um rei, um príncipe e uma prostituta.

Um rei muito bom e honrado tinha um filho único, a quem amava muito. Durante anos o rei educou o príncipe para que ele se tornasse um sucessor digno. Ensinou-lhe todas as regras de conduta que considerava adequadas para que seu herdeiro se tornasse um homem exemplar. Finalmente, o príncipe chegou à idade adulta, e o rei queria que ele assumisse o poder. Mas como poderia ter certeza de que o príncipe tinha aprendido todas as lições ensinadas ao longo dos anos?

O rei teve uma ideia. Perto do palácio, morava uma prostituta muito bonita. O rei chamou-a e explicou-lhe que queria testar o filho. Um dos ensinamentos que ele tinha passado ao jovem é que não era correto para um homem honrado se relacionar com prostitutas. O rei ordenou que a moça usasse todas as suas técnicas de sedução para conquistar o príncipe. Assim, saberia se ele realmente tinha aprendido as lições. A prostituta se aproximou do rapaz, o abraçou e beijou, e o príncipe ficou muito tentado a dormir com ela. Mas na última hora se lembrou dos ensinamentos recebidos do pai e resistiu, mandando-a embora.

Ao saber disso, o rei ficou muito satisfeito e transferiu ao príncipe todo o poder e riquezas. Graças a quem o príncipe recebeu toda essa abundância? Graças à prostituta, responde o Zohar.

A prostituta é do bem ou do mal nessa história? Se entendermos que ela propiciou ao príncipe todas as coisas boas que ele acabou recebendo, concluiremos que ela é do bem, uma parte necessária do processo para que o príncipe pudesse receber a plenitude por meio do seu próprio esforço e livre-arbítrio.

Sendo assim, o mal existe para nos prover a escolha de resistir a ele e dessa forma nos tornar merecedores da satisfação, por meio do nosso próprio trabalho.

O Oponente, na verdade, existe dentro de cada um de nós. A causa do mal é nosso egoísmo, o desejo de receber somente para nós mesmos, intrínseco a cada ser humano. Toda vez que agimos pensando somente em nossos próprios interesses, nos afastamos da Luz do Criador, a fonte de toda a plenitude, e, pela lei de causa e efeito, atraímos dor e sofrimento para nossa vida.

Mas por que fomos criados com esse egoísmo intrínseco? Se Deus é bom, por que não fomos simplesmente criados bons e perfeitos? Porque seria Pão da Vergonha. O papel do mal é nos oferecer uma oportunidade de nos tornarmos a causa de nossa própria plenitude.

Podemos nos tornar cocriadores e, assim, cumprir nossa missão no mundo.

O Zohar termina essa história do príncipe e da prostituta dizendo: "Felizes aqueles que encontram o instigador e felizes aqueles que não encontram o instigador. Felizes aqueles que o encontram e se salvam, porque por causa dele eles herdam tudo de bom e todos os prazeres do Mundo Vindouro".

O Zohar nos ensina, portanto, que o mal não tem uma existência própria independente. Nós não sentiríamos uma satisfação completa se nossa realização viesse sem nenhum esforço, somente como efeito da bondade divina. O lado negativo faz parte do sistema criado pelo Criador para nos prover o livre-arbítrio e nos permitir ser a causa de nossa plenitude. Ele não está tentando "tomar o poder". O lado negativo trabalha para o rei e cumpre com louvor sua missão de nos testar. O Zohar e a Kabbalah nos ajudam a passar no teste, ou melhor, nos ajudam a nem ser testados, como está escrito no Zohar na porção de Nassó:

"Eles não precisarão ser testados, porque, no futuro, quando saborearem da Árvore da Vida, que é o livro do Zohar, sairão do exílio com misericórdia".

O Zohar é a arca de Noé da nossa geração

Queremos nos proteger do caos. Para isso, tomamos vacinas e contratamos planos de saúde, blindamos nossos carros, construímos muros em torno de nossas casas. Alguém pode dizer com sinceridade que tem certeza de que realmente está protegido? A única proteção verdadeira vem de estar conectado com a Luz do Criador, através do compartilhar e evitando ações egocêntricas.

A história bíblica da arca de Noé conta que a geração de Noé era totalmente negativa. A energia negativa gerada pelas ações dessa geração criou como consequência um dilúvio de proporções dantescas. Praticamente toda a humanidade foi exterminada, com exceção da família de Noé, que era um justo. Antes do dilúvio, Noé recebeu do Criador a instrução de construir uma arca e levar para dentro dela espécimes de todos os animais, para dar continuidade às espécies. A descrição que o Zohar faz do dilúvio deixa claro que nenhum barco ou navio poderia resistir a uma catástrofe tão colossal. Tanto é assim que a Bíblia se refere ao veículo construído por Noé como arca, que dá mais a conotação de caixa do que de barco. Na verdade, Noé soube construir um escudo protetor metafísico com suas boas ações, conectando-se com o nível espiritual de *Yessod*, onde a Luz está totalmente presente e a escuridão não prevalece. O mundo foi destruído, mas quem estava dentro da arca estava protegido.

O próprio Zohar se compara com a arca de Noé. Quem penetra no estudo do Zohar passa a receber proteção das nuvens negras que pairam sobre o mundo atual. Diz o Zohar:

"Este livro é como a arca de Noé, dentro da qual todas as espécies se reúnem. De forma semelhante, as almas dos justos e das pessoas elevadas se reúnem neste livro. A respeito deles está escrito: 'Este é o portão para o Criador, os justos entrarão por ele, e aqueles que não são justos não entrarão'. Quando esta composição do Zohar se revelar no mundo, multidões se reunirão ao redor dela. Sobre eles está escrito: 'Aqueles que estão aqui hoje e aqueles que não estão aqui conosco, através desta composição todos estão aqui'".

Podemos aproveitar essa passagem para entender melhor a relação entre o Zohar e a Torá e compreender como o Zohar percebe a Torá.

E a arca repousou no sétimo mês

Rabi Elazar, Rabi Yossi e Rabi Isaac estavam caminhando e, em sua viagem, chegaram às montanhas da escuridão. Rabi Elazar viu que as montanhas eram altas, escuras e assustadoras. Disse aos seus amigos:

– Se meu pai estivesse aqui, eu não teria medo. Mas, como somos três e falamos de assuntos espirituais, estaremos protegidos.

Aprendemos desse comentário que, quando uma pessoa fixa sua consciência na espiritualidade e nos temas divinos, ela obtém proteção. Aprendemos também que uma pessoa sozinha está mais vulnerável a forças espirituais negativas, e que estar em companhia de mais pessoas traz proteção espiritual.

Rabi Elazar abriu a discussão com o versículo "e a arca repousou no sétimo mês, no décimo sétimo dia do mês, sobre as montanhas de Ararat":

– Como são amadas as palavras da Torá. Cada palavra carrega segredos profundos, e a Torá toda é celestial.

Rabi Elazar questiona:

– Qual é a relevância dessa informação para nós? Que diferença faz saber em que montanha a arca repousou? Ela tinha que repousar em algum lugar. Essa informação só existe para nos ensinar uma verdade universal: que o sétimo mês tem energia de julgamento.

O Zohar então faz uma afirmação forte: todo aquele que diz que a Torá é uma simples história, era melhor não ter nascido.

Venha e veja: imagine um rei de carne e osso. Não é respeitável por parte dele falar sobre assuntos mundanos, quanto mais escrever sobre esses assuntos. Como alguém pode supor que o Rei dos Reis, o Sagrado, bendito seja, não tivesse assuntos sagrados para escrever e produzir as Escrituras, mas que Ele simplesmente reuniu todos os assuntos mais simplórios, como as falas de Esaú, os dizeres de Hagar, as conversas de Lavan com Jacob, as falas do jumento, as falas de Bilam, os ditos de Balak e as falas de Zimri? Ele as reuniu na forma de histórias e fez a Torá com elas.

Se fosse assim, ela não seria a Torá da verdade. Cada palavra da Torá vem para nos ensinar assuntos elevados. O objetivo não é nos ensinar a história por si só, mas sim um ensinamento mais abrangente, que está por trás da história.

O relato que descreve o local onde a arca repousou e a data em que isso aconteceu existe para nos ensinar que num determinado período do ano o mundo é julgado. De forma semelhante, cada história, cada palavra e cada letra da Torá contém segredos da vida e do universo. O Zohar é a chave que decodifica a história e revela para nós o entendimento interno, por trás da história superficial externa.

Isso vale para a Torá e vale também para a vida. Passamos por situações aparentemente injustas. Vivemos dificuldades e desafios dolorosos. Podemos nos concentrar na história externa e ficar magoados, ofendidos e tristes, ou podemos entender que há uma Luz por trás. Por trás da história dolorosa externa há uma história interna que é uma bênção, porque nos traz crescimento e aprendizado e, consequentemente, nos aproxima de nossa correção e da Luz do Criador. Saber que há uma Luz oculta e um bem por trás de qualquer situação permite que esse bem se revele.

Perdão e felicidade

É comum acontecerem situações na vida em que nos sentimos magoados e guardamos rancor contra a pessoa que nos magoou. Acontece que, quando uma pessoa sente que foi machucada pela outra e não perdoa, isso gera um peso para a alma que não permite que ela se eleve.

Com esse entendimento, percebemos que perdoar não tem nada a ver com o outro. Alguém pode falar que o outro não merece o perdão. Mas a questão não é fazer algo pelo outro. Se você quer ser feliz, precisa se livrar da ilusão de que é vítima de outra pessoa. O motivo pelo qual você deve perdoar é o de libertar a si mesmo.

Por trás da tristeza está sempre o fato de que a pessoa se colocou no papel de vítima. A pessoa sente que merece mais do que está recebendo. Vê o que há de errado com o outro e pensa que merece mais, ficando frustrada. Por mais que a situação seja mesmo injusta, você se afasta da Luz e da plenitude se ficar reativo à injustiça e ao comportamento do outro. Está sendo um efeito, e não a causa, e isso atrai bloqueios para a vida, incluindo a tristeza.

Para viver num estado de alegria, é preciso saber criar um fluxo de energia e continuidade, por meio da conexão com a Luz. A pessoa pode estar sempre feliz, independentemente dos acontecimentos.

No Infinito, antes de virmos para o mundo físico, tínhamos tudo, nada nos faltava. Quisemos descer ao mundo físico para trabalhar a fim de merecer o que já tinha sido nosso. Já tínhamos tudo e isso não nos trouxe total plenitude. A questão agora não é querer o que já tínhamos. Estamos aqui para fazer o trabalho de conexão com a Luz. É isso que vai gerar felicidade. Pessoas felizes são aquelas que contribuem com o todo de forma positiva e sentem que estão cumprindo sua missão neste mundo. A tristeza vem quando a pessoa não faz o suficiente ou não compartilha o suficiente.

Uma história do Zohar nos ensina como o perdão traz proteção e bênçãos.

Rabi Aba estava sentado ao portão da cidade de Lod. Viu um homem sentado na borda de uma montanha. Era um viajante cansado, que acabou adormecendo. Então, Rabi Aba viu uma cobra indo na direção do viajante. Um réptil saiu de um buraco nas pedras e matou a cobra. Quando acordou, o homem viu a cobra morta. Assim que ele se levantou, a borda onde estava sentado desabou, caindo no vale abaixo. Se ele tivesse se levantado um pouco depois, teria morrido.

Rabi Aba se aproximou do homem e disse:

– O que você fez para merecer receber dois milagres? Você foi salvo de uma cobra e da queda do lugar onde estava sentado. As coisas não acontecem por acaso. Qual é o seu segredo para estar tão protegido?

A princípio, o homem não pôde pensar em nada, mas, depois de refletir por alguns instantes, respondeu:

– Todos os dias da minha vida eu sempre perdoei qualquer pessoa que me tenha feito algum mal e fiz as pazes. Nas vezes em que eu não conseguia fazer as pazes, eu não ia para a cama sem antes perdoar a todos os que me fizeram sofrer. Nunca guardei rancor pelos que me prejudicaram. Além disso, sempre me esforcei para fazer e desejar o bem a essas pessoas.

Rabi Aba chorou e disse:

– Os feitos desse homem são maiores que os de José. Quem fez mal a José foram seus irmãos, e faz sentido que ele tenha compaixão pelo seu próprio sangue. Mas esse homem agiu assim com desconhecidos, por isso, é maior que José e se tornou merecedor de que o Criador realizasse para ele um milagre atrás do outro.

Rabi Aba está se referindo à história bíblica do livro de Gênesis em que José, filho do patriarca Jacob, foi vendido como escravo pelos irmãos. Anos depois, no Egito e numa posição de poder, ele foi bondoso com os irmãos, perdoando por completo a atitude deles.

José tinha compreendido que a mão do Criador estava por trás dos acontecimentos e que os irmãos tinham sido instrumentos para algo que ele precisava viver para cumprir seu destino.

Vendo a cena completa, não somente José não deveria guardar rancor por seus irmãos, mas devia agradecer a eles por terem permitido que se tornasse a pessoa que tinha que se tornar.

Não é fácil, mas, em muitas situações da vida, se olharmos para trás, veremos que pessoas que nos feriram foram de suma importância na formação de nossa personalidade. Temos a opção de querer vingança ou desejar o mal à pessoa, e nesse caso atrairemos para nossa própria vida exatamente essa mesma energia. Ou podemos perdoar e tirar o peso de nosso coração, criando espaço para que a Luz penetre.

Em hebraico, a palavra perdão é *slach*, que tem valor numérico 98. É a mesma numerologia da palavra *tzach*, que significa purificar ou limpar. A lição é que perdoar purifica a alma.

Temos nós na alma que bloqueiam a entrada da Luz e impedem que ela se revele. Não perdoar mantém atados os nós emocionais dentro de nós. Temos que trabalhar para desamarrar esses nós. Devemos perdoar, não por sermos justos ou mais elevados que os outros, mas por termos entendido que é para nosso benefício, para nos ajudar em nosso caminho de correção. A questão toda é usar nosso precioso tempo de vida para nos corrigirmos.

Um excelente exercício de espiritualidade prática é visualizar, antes de dormir, uma pessoa a quem você tem dificuldade de perdoar e jogar fora todos os sentimentos negativos que ainda nutre por ela. Depois disso, deseje do fundo do seu coração o bem a essa pessoa. Deseje sua felicidade. Mande amor para ela. Por meio dessa meditação você estará construindo sua própria felicidade.

Zohar e a Era Messiânica: o Messias é você

O que diz o Zohar sobre o fim dos tempos? Faz alguma previsão apocalíptica?

O artigo do Zohar que fala sobre a vinda do Messias começa de uma forma contraditória. Rabi Shimon ergueu suas mãos, chorou e disse:

– Pobre de quem viver naquela época, e feliz de quem viver naquela época.

Logo de início o Zohar deixa claro que a Era Messiânica é uma era de extremos. Pode ser boa ou pode ser má. Depende de nós.

O Zohar segue com um longo artigo, com imagens terríveis de destruição e sofrimento. Os cabalistas mais recentes afirmam que a Era Messiânica é agora, a época em que vivemos. Poucos cabalistas citam datas, mas um deles, o cabalista marroquino Rabi Avraham Azulai, menciona o ano 5760 do calendário hebraico, que corresponde ao ano 2000, como um momento em que o mundo veria mudanças profundas.

O Zohar continua dizendo que haverá problemas e mais problemas, e que os problemas mais recentes farão os anteriores serem esquecidos. Diz que uma coluna de fogo será vista por todas as nações. Cabalistas modernos afirmam que se trata de uma referência às explosões de bombas atômicas. Diz que, quando o Messias começar a se revelar, o mundo inteiro tremerá, e as pessoas se esconderão em cavernas e buracos nas pedras em busca de segurança, mas que mesmo assim elas se sentirão inseguras. Se olharmos em volta, em nossas cidades, nossos apartamentos, cada vez mais cercados e protegidos, podemos considerá-los as cavernas e buracos nas pedras mencionados no Zohar. E alguém pode dizer que realmente se sente seguro, apesar de todos os gastos com segurança?

Um muro alto ou uma cerca eletrificada podem até impedir a entrada de um ladrão, mas protegem de uma doença ou da falência? O caos consegue invadir a vida das pessoas, sem distinção de classe social.

O Zohar continua o longo artigo sobre a Era Messiânica com a descrição de guerras, fala do desabamento de torres e de muitas tragédias que acontecerão em sequência, até que a iluminação final conclua o processo de correção da humanidade.

O que o Zohar quer nos ensinar com tantas imagens terríveis? Afinal, a Era Messiânica sempre foi descrita como um período de paz na terra e boa vontade entre os homens. Por que o Zohar fala de guerras?

Primeiro a boa notícia: o Zohar garante que inevitavelmente chegaremos a um momento em que a totalidade da Luz será revelada. A escuridão desaparecerá da face da Terra. Todos viverão vidas plenas e satisfatórias, sem caos, sofrimento e doenças. A própria morte será eliminada da paisagem. Alcançaremos a imortalidade, no corpo, no plano físico.

Sabendo que temos o ceticismo em nossa natureza e que pensamos que isso é "bom demais para ser verdade", os cabalistas nos contam uma história.

Um rei poderoso teve um filho. Queria dar tudo de bom a ele. Por isso, contratou os maiores arquitetos do mundo, para projetar palácios maravilhosos para o deleite do filho. Chamou os melhores paisagistas, para desenhar lindos jardins, e os melhores artistas plásticos, para decorar os palácios e jardins com obras-primas. Contratou também os melhores músicos do mundo inteiro, para tocarem para o filho. Selecionou uma coleção gigantesca de livros, com toda a cultura reunida pela humanidade, e formou uma biblioteca completa, para que o filho pudesse ter acesso à sabedoria. E ainda chamou os maiores *chefs* de cozinha e confeiteiros do mundo para preparar as melhores comidas e sobremesas para ele. Em suma, o rei preparou tudo do bom e do melhor para seu querido filho.

Mas o príncipe cresceu, e descobriram um triste problema. O menino era cego, não podia ver os palácios, jardins e obras de arte preparados pelo pai. Depois, descobriram que o jovem era surdo, não podia escutar as melodias maravilhosas que os músicos tinham preparado para ele. Além disso, o rapaz tinha uma deficiência em sua inteligência, e não conseguia nem aprender a ler, quanto mais tirar proveito de toda a sabedoria disponível para ele na imensa biblioteca que o pai tinha organizado. Por fim, o menino era diabético, não podia desfrutar das delícias preparadas pelos cozinheiros, tendo que se limitar a uma dieta bastante restrita.

Essa história deprimente pode muito bem acontecer com um rei de carne e osso. Ele deseja dar tudo de bom para o filho, mas fracassa. No entanto, concluem os cabalistas, isso não pode acontecer de jeito nenhum com o Rei dos Reis, o Criador do mundo. O Criador criou o mundo com a intenção de dar tudo de bom para seu filho, que somos nós. E Ele vai alcançar seu objetivo. É garantido; com certeza, no final nós seremos infinitamente abençoados. Duvidar disso equivale a dizer que o Criador é limitado.

Infelizmente, para nós, é mais fácil acreditar no caos. Fomos criados num sistema de crenças que inclui doenças, envelhecimento e morte, e parece pouco provável que isso mude em algum ponto. Nem o mais criativo filme-catástrofe conseguiu prever a tragédia de 11 de setembro de 2001. O que aconteceu é inacreditável, mas, como todos nós vimos as cenas, e está tudo gravado, somos obrigados a crer. O caos inacreditável é aceitável, mas o sofrimento desaparecer é inaceitável, por ser bom demais para ser verdade.

Existem cortinas que nos impedem de ver a verdade. Mas as cortinas serão retiradas. Nosso oponente interno faz com que seja difícil acreditar nisso. Acontece que nossa geração não pode mais ser a geração do "quero ver para crer" ou "só acredito vendo". Não vemos as ondas de rádio nem os outros tipos de ondas eletromagnéticas, mas mesmo assim sabemos que elas existem. Nossa geração é a do "crer para ver". A ciência moderna afirma algo que os cabalistas sempre afirmaram: nossa consciência determina nossa realidade. Sendo assim, se você não acredita, não só não vai ver, mas ainda estará impedindo que aconteça. E se você está aberto para acreditar, permite que essa realidade se revele. O ceticismo bloqueia a revelação de Luz.

Isso não quer dizer que você deva acreditar cegamente em algo que não faz sentido para você – mas que pelo menos deve estar aberto para novos pontos de vista. Se há trinta anos alguém lhe dissesse que hoje todos teriam telefone celular, você provavelmente não acreditaria e diria que é ficção. Hoje, o celular é uma realidade. Se alguém disser que daqui a trinta anos dispensaremos nossos aparelhos e nos comunicaremos por telepatia, talvez seja bom estar aberto para a ideia, que afinal não é nada má.

Voltando à primeira frase do artigo do Zohar que estamos discutindo, "feliz de quem viver nesta época", veremos que nos últimos cem anos da história da humanidade tivemos mais avanços científicos e tecnológicos que em todo o resto da história. Contamos com facilidades que melhoram sensivelmente nossa qualidade de vida. Além dos avanços tecnológicos, como computadores, telecomunicações e meios de transporte, coisas simples como água encanada e luz elétrica fazem da nossa época uma verdadeira maravilha, se comparada ao passado.

Mas isso veio com um pacote. Aquecimento global, lixo nuclear, armas mais poderosas e destrutivas, toda uma nova gama de problemas também surgiu. "Pobre de quem viver nesta época." Quando começou a era dos microcomputadores domésticos, dizia-se que esse progresso seria muito benéfico, porque o computador pouparia nosso tempo e faria o trabalho por nós, e assim teríamos mais tempo para dedicar à família. Não somente isso não aconteceu, como o que se vê é que cada membro da família fica horas em seu computador ou aparelho móvel, e dificilmente temos uma conversa olho no olho que não seja interrompida para uma olhada em alguma tela mais próxima.

Os avanços científicos da nossa época, que sem dúvida nos beneficiam, não tiveram nenhuma ligação com nosso livre-arbítrio. Não houve transformação proativa. Foi robótico.

Durante séculos, existiram cortinas que não deixavam que a Luz chegasse ao nosso plano físico com total intensidade. "Estava escrito" que por volta do ano 2000 as cortinas seriam retiradas. Assim aconteceu. As cortinas foram retiradas e mais Luz está entrando. Luz é o oposto de limitação. Essa entrada de Luz se manifestou como avanços científicos e tecnológicos.

Tempo e espaço estão se condensando. Há cem anos, para chegar a outro continente levava-se muito tempo, e o outro continente era, portanto, um lugar distante. Hoje em dia, podemos chegar lá em algumas horas, e podemos nos comunicar com alguém do outro lado do oceano instantaneamente. O que era longe passou a ser perto. O que levaria muito tempo agora leva alguns segundos. Para a Luz não existe espaço e tempo. Mais Luz entrou, e essas barreiras estão caindo, graças à tecnologia. Mas, como não houve evolução da humanidade em nível de consciência, veio junto um pacote de problemas e de caos, incluindo poluição, aquecimento global e epidemia.

Na nossa época, está entrando mais Luz que em qualquer outra época. Luz, a princípio, é bom. Mas você precisa estar preparado. Imagine que você está num quarto, na penumbra. De repente sai para o ar livre, ao meio-dia de um dia de sol forte. Seus olhos, acostumados com o escuro, não suportam a Luz e ficam ofuscados. Mas, em alguns instantes, a pupila se retrai e você pode enxergar novamente. Quando há mais luz física, a pupila precisa diminuir de tamanho. Paralelamente, quando há mais Luz espiritual, quem precisa diminuir de tamanho é o eu.

Na nossa época, temos duas realidades paralelas. "Feliz de quem viver nesta época" se refere às pessoas que estão lutando para dominar seu ego. "Pobre de quem viver nesta época" fala das pessoas que continuam numa busca pelo materialismo e pela satisfação de seus desejos egocêntricos de cobiça e ganância. Se você está honestamente se esforçando para diminuir seu eu, isto é, diminuir a consciência de separação e fragmentação que nos separa uns dos outros, esta é uma época da história em que você pode esperar ver maravilhas que nunca imaginou.

Somos a primeira geração da história que viu e tem gravada no inconsciente a fotografia mais sensacional de todas: a imagem da Terra vista do espaço.

É como se o Criador, depois de ter tentado nos explicar um mesmo conceito inúmeras vezes e ter percebido nossa dificuldade em compreender, tivesse dito:

– Querem que Eu desenhe?

Depois de ver a Terra vista do espaço, não há mais desculpas para não entendermos que estamos todos no mesmo barco. Indivíduos, empresas, nações, não podemos mais viver em conflito. Somos diferentes, temos nossa individualidade e particularidades, mas precisamos entender que somos uma única alma. Nossos destinos estão interligados. Como diz a ciência, uma borboleta batendo as asas na América do Sul pode causar um tornado na Ásia. Somos responsáveis uns pelos outros.

Caindo as cortinas, poderemos nos comunicar por telepatia. Entenderemos que a pessoa que morreu não deixou de existir, ela simplesmente passou para outra "sala", outra dimensão, mas que ainda pode ser alcançada. Sentiremos a dor dos outros e, obviamente, desejaremos ajudar a curar a dor. Entenderemos que uma pessoa nunca poderá ser totalmente feliz enquanto alguém ainda estiver sofrendo. O sofrimento da outra pessoa nos afeta, e não poderemos ser completamente plenos. Não estamos fazendo um favor ao ajudar os outros, estamos simplesmente ajudando a nós mesmos.

O Messias não é uma pessoa que vem nos salvar. É uma consciência de paz na Terra, de amar ao próximo como a si mesmo. Quando uma massa crítica de pessoas tiver alcançado essa consciência messiânica, isso se espalhará pelo mundo todo, e a escuridão deixará gradualmente de existir. Tudo será revelado: cura, alegria, a verdadeira essência do universo e da vida.

A questão é como isso acontecerá. Pode ser por meio da evolução proativa ou por meio de dor e sofrimento. Os cabalistas dizem que existem dois caminhos para chegarmos à plenitude e à imortalidade que inevitavelmente alcançaremos.

O primeiro caminho é o caminho da transformação proativa. Por esse caminho, a pessoa reconhece que precisa se transformar. Assume o compromisso de lutar contra seus desejos reativos e de resistir aos impulsos egocêntricos. Faz um esforço constante para compartilhar com os outros, indo além da sua zona de conforto e se estendendo cada vez mais. Quando erra, em vez de se justificar, ela reconhece seus erros. Quando erram com ela, ela entende que o lado negativo é forte e perdoa. Essa pessoa a cada dia se aproxima mais da Luz, de forma proativa.

O segundo caminho é o caminho do sofrimento. A pessoa não percebe a importância da elevação da consciência e tem preguiça de se esforçar para se transformar. Continua seguindo os ditames egoístas do ego e a busca incessante pelo materialismo. Pela lei de causa e efeito, acaba atraindo caos para sua vida. No momento da dor intensa, a pessoa decide se transformar. Age de maneira diferente durante algum tempo, mas depois se esquece do que se passou e retorna ao seu comportamento egocêntrico. Atrai nova dor, ainda mais intensa. E assim por diante. Essa pessoa acabará aprendendo suas lições e se aproximará da Luz. Mas seu caminho foi bem mais longo e incluiu muito mais sofrimento que o da pessoa que seguiu o caminho da transformação proativa. Você escolhe seu caminho. Pode continuar lutando contra os outros ou pode entender que seu único inimigo é o ego. O ego nos separa uns dos outros. É contra ele que temos que lutar. E, eliminando o ego, desaparecem todos os seus efeitos. Teremos segurança, cura, felicidade, paz.

Insegurança, doença, depressão e problemas nos relacionamentos têm uma causa em comum por trás: o ego ou desejo de receber somente para si mesmo. Eliminando o desejo de receber somente para si mesmo, todos esses problemas serão eliminados, e a própria morte deixará de existir.

O Zohar promete que o final do filme será positivo. Tudo que acontece é para o nosso bem, aprendemos com Nachum Ish Gamzu. É para nossa evolução e crescimento. A humanidade está num processo de correção, e, no final, nós vamos nos corrigir. Vamos deixar de ser egoístas e vamos verdadeiramente querer o bem um do outro. Quanto mais rápido isso acontecer, menos processos que envolvem sofrimento e dor teremos que vivenciar.

Por trás da maior escuridão está a maior Luz, como aprendemos na história de Rabi Chiá, que jejuou oitenta dias e subiu aos céus. A Luz do Messias vem da escuridão. Quanto maior a Luz, maior é a casca que a envolve.

A Luz é sempre maior que a escuridão. A Luz sempre vence, porque a Luz é a verdade última, a única verdadeira realidade. Quanto mais soubermos disso em nossa consciência, mais rápido chegaremos à iluminação total e à imortalidade, quando morte e doença desaparecerão da paisagem.

Que pelo mérito do estudo da Kabbalah possamos quebrar a casca e revelar a Luz da redenção final, quando a totalidade da Luz será revelada e viveremos, então, eternamente em harmonia. AMÉM.